DIE **ONE-POT** CHALLENGE

DIE ONE-POT CHALLENGE

REZEPTE: MARTIN KINTRUP, SARAH SCHOCKE, SANDRA SCHUMANN
TEXTE: JUMBO SCHREINER
REZEPTFOTOS: BECCA CRAWFORD
PEOPLEFOTOS: KLAUS-MARIA EINWANGER

20
HAUPTZUTATEN
60
GENIALE ONE-POT-REZEPTE

Zu den hier aufgeführten Zutaten
findet ihr jeweils drei One-Pot-Rezepte für
TOPF, PFANNE oder **BLECH.**

VORWORT

JUMBO

HALLO ONE-POT-FANS!

Wie heißt es so schön in einem Sprichwort: »Wenn zwei sich streiten, freut sich der Dritte.«

Und das stimmt ja auch, allerdings nicht bei unserem grandiosen Kochtrio! Denn hier muss es heißen: »Wenn drei sich streiten, freut sich der Jumbo!« Hier haben wir nämlich eine zwar nicht ganz klassische, aber dafür superspannende Win-win-win-Situation.

Pro Runde werfe ich eine Zutat in den Ring, und die Kochprofis Sandra, Sarah und Martin ziehen ihre Geheimwaffen: Topf, Blech oder Pfanne. Damit geht's ab in die Küche und an die One-Pot-Challenge: Jeder der drei kreiert pro Zutat ein Megarezept, darf dafür aber ausschließlich einen Topf, ein Blech oder eine Pfanne benutzen. Das muss reichen!

Klar denken alle drei, ihr Rezept wäre das beste, aber da komme ich ins Spiel – beim Verkosten und Probieren macht mir schließlich keiner was vor.

Doch keine Sorge, bei der Kochtrio-Challenge geht es für alle Beteiligten (mich eingeschlossen) sehr gut und sehr lecker aus. Ob mit Topf oder Pfanne oder Blech: Hier wird auf Augenhöhe gefightet, und es gibt keine Verlierer.

So, und jetzt freue ich mich auf einen sagenhaften kulinarischen Showdown. Und meinen Kochtrio-Freunden rate ich: Strengt euch an, es ist ein neuer Sheriff in der Stadt!

Viel Spaß beim Mitfiebern und Nachkochen wünscht Euch

Sheriff Doc, der Probierlöffel Jumbo

Ich nenne

AUBERGINEN

gerne die vegetarischen Handgranaten der Küche. Denn werden die Dinger richtig und kreativ eingesetzt, entfalten sie ein Feuerwerk für unsere Sinne, eine Geschmacksexplosion. Doch ob gekocht, gebraten oder gebacken – was die Aubergine unbedingt braucht: den passenden Partner! Als Single ist sie harmlos, langweilig, ach, was sag ich, totlangweilig! Erst mit aromatischem Öl, kräftigem Käse oder starken Gewürzen zeigt sie, welche Power in ihr steckt. Und ist dann eine äußerst kooperative und dankbare Küchenpartnerin. Mal sehen, welche Kombi die drei favorisieren.

Ich setz auf **gebackene Auberginen**. Denn im Ofen bekommen die mediterranen Früchte noch eine Extraportion Aroma. Und mit Couscous, Petersilie und Tahin-Honig-Joghurt sind sie – ein Traum! Macht mir das erst mal nach!

Mit karamellisierten **Balsamico-Auberginen** hauche ich in der Pfanne dem in die Jahre gekommenen Caprese-Klassiker neues Leben ein. Mit diesem Extra-Gimmick führt der Sieg nur über mich.

Ich schmore meine **Auberginen mit roten Linsen** und orientalischen Noten langsam im Topf – so werden sie traumhaft zart und superlecker. Damit gehört der Sieg auf jeden Fall mir!

GEBACKENE AUBERGINE
MIT COUSCOUS UND TAHIN

FÜR 2 PERSONEN   ZUBEREITUNG: 30 MIN.   PRO PORTION CA. 440 KCAL

1 große Aubergine (400 g)
2 EL Olivenöl
3 TL Garam Masala (indische Gewürzmischung, ersatzweise Currypulver)
Salz
15 g Pinienkerne
50 g Couscous
1 Zitrone
3 TL Honig
½ kleines Bund Petersilie
200 g griechischer Joghurt
1 EL Tahin (Sesampaste)

1 Den Backofen auf 240° vorheizen. Ein Backblech mit Backpapier auslegen. Die Aubergine waschen, halbieren, mit den Schnittseiten nach unten auf das Blech legen und die Hälften kreuzweise einschneiden, aber nicht durchschneiden. Das Öl mit 2 TL Garam Masala und etwas Salz vermischen und die Auberginenhälften damit bestreichen, vor allem auch in den Einschnitten. Auberginen im Ofen (Mitte) 15 Min. backen, dabei in den letzten 2 Min. die Pinienkerne mit auf das Backblech geben und mitrösten.

2 Inzwischen Couscous in eine Schüssel füllen und 100 ml warmes Wasser aus der Leitung dazugeben. Die Zitrone auspressen und den Zitronensaft ebenfalls zum Couscous geben, restliches Garam Masala und 1 TL Honig dazugeben. Alles verrühren und kräftig mit Salz abschmecken. Beiseitestellen und ziehen lassen. Die Petersilie waschen, trocken schütteln und klein hacken.

3 Das Backblech mit den Auberginenhälften aus dem Ofen nehmen. Die Ofenhitze auf 200° reduzieren. Die Pinienkerne in ein Schälchen umfüllen. Die Auberginenhälften vorsichtig umdrehen, sie sind sehr heiß. Mit Hilfe von zwei Gabeln das weiche Fruchtfleisch auslösen, zum Couscous geben und alles gründlich vermengen. Die Auberginen-Couscous-Masse zurück in die Auberginenschalen füllen und im Ofen (Mitte) weitere 5 Min. backen.

4 Für die Sauce den Joghurt mit Tahin und dem restlichen Honig vermengen und leicht mit Salz abschmecken. Die Auberginen auf zwei Teller verteilen, die Sauce darübergeben und beides mit der Petersilie und den Pinienkernen bestreuen und servieren.

ZUTAT NO. 1

AUBERGINEN

CAPRESE MIT BALSAMICO-AUBERGINEN

FÜR 2 PERSONEN ZUBEREITUNG: 15 MIN. PRO PORTION CA. 395 KCAL

1 kleine Aubergine (200 g)
2 Tomaten
1 Kugel Mozzarella (125 g)
2 Stängel Basilikum
1 EL Pinienkerne (nach Belieben)
3 EL Olivenöl
1 TL Honig
3 EL Aceto balsamico
Salz
Pfeffer

1 Die Aubergine und die Tomaten waschen und jeweils die Enden abschneiden. Die Aubergine in 10 Scheiben, die beiden Tomaten in jeweils 5 Scheiben schneiden. Mozzarella abtropfen lassen und ebenfalls in 10 Scheiben schneiden. Das Basilikum waschen und trocken schütteln. Die Blätter abzupfen.

2 Die Pinienkerne, falls verwendet, in einer Pfanne ohne Fett anrösten, dann herausnehmen. 1 EL Olivenöl in der Pfanne erhitzen und die Auberginenscheiben darin zugedeckt 5 Min. bei mittlerer Hitze anbraten, bis die Unterseiten leicht gebräunt sind. Dann wenden, 1 weiteren EL Olivenöl dazugeben und die Scheiben zugedeckt weiterbraten, bis die anderen Seiten auch gebräunt sind.

3 Die Auberginenscheiben mit dem Honig beträufeln und kurz in der Pfanne schwenken. Mit 2 EL Aceto balsamico ablöschen, nochmals in der Pfanne schwenken und mit Salz und Pfeffer würzen. Dann die Auberginenscheiben aus der Pfanne nehmen.

4 Die Pfanne vom Herd nehmen und abwechselnd Auberginen-, Tomaten- und Mozzarellascheiben darin auslegen. Alles mit Salz und Pfeffer würzen und mit dem restlichen Olivenöl und dem übrigen Aceto balsamico beträufeln. Basilikum darüberstreuen. Den Käse in der noch warmen Pfanne leicht anschmelzen lassen. Alles noch nach Belieben mit den gerösteten Pinienkernen bestreuen und servieren. Dazu passt knuspriges Ciabatta oder Baguette.

AUBERGINEN-EINTOPF
MIT ROTEN LINSEN

FÜR 2 PERSONEN   ZUBEREITUNG: 15 MIN.   GARZEIT: 35 MIN.   PRO PORTION CA. 835 KCAL

2 kleine Auberginen (zusammen 500 g)
80 g Zwiebel
1 Knoblauchzehe
3 EL Olivenöl
250 g Tomaten
2 TL gemahlener Koriander
1 TL gemahlener Ingwer
½ TL gemahlener Kardamom
Pfeffer
Salz
1 Dose Kokosmilch (400 g)
120 g rote Linsen
5 Stängel Koriandergrün

1 Die Auberginen waschen, putzen und längs halbieren. Die Hälften längs vierteln, dann die Viertel quer halbieren. Die Zwiebel und den Knoblauch schälen und in feine Würfel schneiden.

2 Das Olivenöl in einem Topf erhitzen. Die Auberginenstücke darin unter Rühren bei großer Hitze anbraten. Wenn die Auberginen etwas Farbe angenommen haben, Zwiebel- und Knoblauchwürfel hinzufügen und weitere 3–4 Min. mitbraten.

3 Die Tomaten waschen, halbieren und dabei die Stielansätze entfernen. Die Hälften in einen Blitzhacker oder hohen Rührbecher geben. Koriander, Ingwer, Kardamom, ½ TL Pfeffer und 1 Prise Salz hinzufügen. Die Tomaten im Blitzhacker oder mit dem Pürierstab pürieren. Die Hitze im Topf reduzieren, dann das Tomatenpüree und die Kokosmilch zu den Auberginen in den Topf geben und alles zugedeckt 20 Min. bei kleiner Hitze köcheln lassen.

4 Die Linsen hinzufügen und alles weitere 15 Min. köcheln lassen. Den Koriander waschen, trocken schütteln und fein hacken. Den Auberginen-Eintopf mit Salz und Pfeffer abschmecken, mit dem Koriandergrün bestreuen und servieren.

GRANATENSTARKE AUBERGINEN:

Auch in der kulinarischen Welt der arabischen Küche verträgt nicht jedes Gericht Tahin. Aber in Sarahs Kombi mit **gebackener Aubergine** und Couscous haben sich drei getroffen, die sich perfekt ergänzen. Klarer Sieger in der Kategorie Orientküche!

Martins Pfannengericht mit **Balsamico-Auberginen** ist die perfekte Vorspeise bei einem Candlelight-Dinner. Caprese con sorpresa – Überraschungsfaktor hoch!

Die **Auberginen-Variante mit roten Linsen** von Sandra ist weit weg vom üblichen Eintopf-Einerlei. Ein pfiffiges Gericht mit Oha-Effekt! Hier wird es bei mir, da bin ich mir sicher, nicht bei einem Teller bleiben.

Für mich war

BROKKOLI

immer die grüne hässliche Schwester vom Blumenkohl! Denn als Kind bestrafte man mich für Verfehlungen jeglicher Art mit Brokkoli. Blauer Brief aus der Schule – Brokkoli. Klamotten beim Spielen eingesaut – Brokkoli. Man darf Katzen nicht rasieren – Brokkoli. Kaugummi auf dem neuen Sofa – Brokkoli. Meine Abneigung änderte sich schlagartig durch eine neue, sehr hübsche Mitschülerin und überzeugte Vegetarierin, die mich missionarisch-liebevoll mit Grünzeug versorgte. Auf einmal fand ich es super, also den Brokkoli. Nach Beendigung der Schule trennten sich unsere Wege. Aber eines blieb. Meine Sympathie für Brokkoli. Danke, Silke!

Im Topf verwandeln sich **Brokkoli und Reis** in ein **wunderbar cremiges Risotto**. Das topp ich noch mit einem magischen Mandel-Chili-Kick! Das wird Jumbo auf jeden Fall überzeugen.

Gnocchi und Brokkoli werden hier sanft umschmeichelt von einer würzig-scharfen Zitronenbutter – so sanft werde ich allerdings nicht sein, wenn ich mit diesem Gericht um den Sieg kämpfe.

Lauwarmer **Kartoffel-Brokkoli-Salat** mit Bacon und Mango – schnell, einfach, lecker! Der hat Potenzial fürs neue Lieblingsrezept. Hallo Siegertreppchen, ich komme!

BROKKOLI-RISOTTO

FÜR 2 PERSONEN   ZUBEREITUNG: 45 MIN.   PRO PORTION CA. 690 KCAL

1 kleine rote Chilischote
250 g Brokkoli-Röschen
20 g Mandelblättchen
75 g Zwiebel
1 große Knoblauchzehe
2 EL Olivenöl
175 g Risotto-Reis
700 ml Gemüsebrühe
1 kleine Bio-Zitrone
75 g Parmesan (+ Parmesan zum Servieren nach Belieben)
1 EL Butter
Salz
Pfeffer

1 Die Chili waschen, halbieren, weiße Trennwände und Kerne entfernen, das Fruchtfleisch grob zerkleinern. Die Brokkoli-Röschen waschen, klein schneiden und mit Chili und Mandelblättchen sehr fein hacken oder im Blitzhacker krümelig zerkleinern. Je nach Größe des Blitzhackers in mehreren Etappen arbeiten.

2 Zwiebel und Knoblauch schälen und fein würfeln. Das Olivenöl in einem Topf erhitzen und beides darin 3 Min. anschwitzen. Den Risotto-Reis hinzufügen und unter Rühren in 3 Min. glasig anschwitzen. Ein Viertel der Gemüsebrühe angießen.

3 Den Reis umrühren und die Brühe unter Rühren einköcheln lassen, bis sie vom Reis fast aufgesogen ist. Dann erneut Brühe hinzufügen. So fortfahren, bis die Brühe verbraucht und der Reis gar ist. Das dauert 20–25 Min. Mit dem letzten Teil der Gemüsebrühe den Brokkoli-Mix hinzufügen und unterrühren.

4 Inzwischen die Zitrone heiß waschen und abtrocknen. Etwas Schale abreiben oder mit einem Zestenschneider in schmalen Streifen abziehen. Den Parmesan reiben. Wenn Reis und Brokkoli gegart sind, Butter und Parmesan hinzufügen und alles mit Salz und Pfeffer abschmecken. Risotto mit der Zitronenschale und nach Belieben noch mit zusätzlichem Parmesan bestreuen und servieren.

JUMBO MEINT:

Für mich ein Knaller-Risotto! Mein Tipp: Nicht prügelheiß servieren! Die Idealtemperatur ist lauwarm bis warm. Dann entfaltet das cremige Risotto sein perfektes Aroma.

JUMBO MEINT:
Chili und Zitrone bilden mit Knoblauch und Pecorino die ideale Allianz, Gnocchi und Brokkoli sind in perfekter Gesellschaft. Schnell gekocht und klarer Champion in der »*Keep it simple, keep it mhhh*!«-Challenge!

GNOCCHI MIT BROKKOLI UND CHILI-ZITRONEN-BUTTER

FÜR 2 PERSONEN ZUBEREITUNG: 25 MIN. PRO PORTION CA. 530 KCAL

1 milde rote Chilischote
1 Knoblauchzehe
½ Bio-Zitrone
1 TL Honig
30 g weiche Butter
Salz
Pfeffer
250 g Brokkoli
200 g braune Champignons (Egerlinge)
1 EL Öl
300 g frische Gnocchi (aus dem Kühlregal)
30 g Pecorino (ersatzweise Parmesan)

1 Für die Chili-Zitronen-Butter die Chili waschen, halbieren, weiße Trennwände und Kerne entfernen, das Fruchtfleisch klein schneiden. Den Knoblauch schälen und grob würfeln. Die Zitronenhälfte heiß waschen und abtrocknen. Zwei breite Streifen Schale hauchdünn abschneiden und klein schneiden. Die Zitronenhälfte auspressen. Im Blitzhacker oder mit einem Messer Chili, Knoblauch und Zitronenschale fein hacken. Honig und Butter untermischen. Zum Schluss 2 EL Zitronensaft unterrühren und die Chili-Zitronen-Butter mit Salz und Pfeffer abschmecken.

2 Brokkoli putzen, waschen und in Röschen teilen. Den Stiel schälen und in dünne Scheiben schneiden. Die Champignons putzen, bei Bedarf mit einem Tuch abreiben und in Scheiben schneiden.

3 Das Öl in einer beschichteten Pfanne erhitzen, Brokkoli und Gnocchi darin kurz schwenken. 125 ml Wasser dazugießen und alles bei mittlerer Hitze zugedeckt 3 Min. garen. Den Deckel abnehmen, die Pilze dazugeben und weitere 3–4 Min. mitgaren, bis das Wasser verkocht ist. Dann die Mischung unter gelegentlichem Wenden noch 3–4 Min. braten, bis alles leicht gebräunt ist.

4 Die Chili-Zitronen-Butter dazugeben. Gnocchi, Brokkoli und Pilze noch kurz darin schwenken. Mit Salz und Pfeffer abschmecken und den Käse grob darüberhobeln, dann alles servieren.

ZUTAT NO. 2

BROKKOLI

KARTOFFEL-BROKKOLI-SALAT
MIT BACON UND MANGO

FÜR 2 PERSONEN ZUBEREITUNG: 35 MIN. PRO PORTION CA. 580 KCAL

500 g Brokkoli
6 TL Olivenöl
400 g festkochende Kartoffeln
70 g Frühstücksspeck (Bacon; in dünnen Scheiben)
Salz
Pfeffer
¼ Rotkohl (ca. 50 g)
½ reife, feste Mango (ca. 150 g Fruchtfleisch)
4 Stängel Petersilie
40 g Walnusskerne
3 EL Apfelessig

1 Den Backofen auf 220° vorheizen. Ein Backblech mit Backpapier auslegen. Den Brokkoli waschen und in kleine Röschen teilen. Den Stiel abtrennen, schälen und in feine Scheiben schneiden. Die Scheiben und Röschen mit 1 TL Öl vermischen.

2 Die Kartoffeln schälen und in pommesähnliche Stäbchen schneiden, diese ebenfalls mit 1 TL Öl vermischen. Die Speckscheiben dicht nebeneinander auf einem Teil des Bleches auslegen. Die Kartoffeln daraufgeben und im Ofen (oben) 10 Min. backen. Dann den Brokkoli dazugeben und alles im Ofen (Mitte) in weiteren 10 Min. fertig garen. Anschließend salzen und pfeffern.

3 Während der Kartoffelbackzeit die äußeren Blätter vom Rotkohl entfernen, den Kohl waschen und auf einer Gemüsereibe bis zum Strunk in feine Streifen hobeln. Die Rotkohlstreifen in eine Schüssel geben, leicht salzen und mit den Händen kräftig durchkneten, sodass sie etwas weicher werden. Die Mangohälfte schälen, ein Drittel des Mango-Fruchtfleischs zur Seite legen, restliches Fruchtfleisch mit dem Sparschäler in dünne Streifen schneiden.

4 Die Petersilie waschen und trocken schütteln. Die Blättchen abzupfen und mit den Walnüssen, dem beiseitegelegten Mango-Fruchtfleisch, den restlichen 4 TL Öl, ¼ TL Salz, Essig, etwas Pfeffer und 30 ml Wasser im Blitzhacker oder mit dem Pürierstab zu einem glatten Dressing pürieren. Das Dressing mit dem Rotkohl vermengen und den Rotkohl dann vorsichtig mit Brokkoli, Kartoffeln, Bacon und Mangostreifen in einer Schüssel oder auf dem Blech vermischen. Den Salat sofort servieren.

JUMBO MEINT:
Bacon, Mango, Kartoffeln und Brokkoli – was 'ne Kombi! Da wird der lauwarme Nebendarsteller schnell zum heißen Hauptakteur – für mich jetzt schon Salat-Oscar-verdächtig!

Den »Adelstitel«

FETA

darf ausschließlich in Salzlake gereifter weißer Käse aus Schafs- und/oder Ziegenmilch aus Griechenland tragen – das haben sich die schlauen Griechen schützen lassen, siehe Verordnung Nr. 1829/2002 der EU-Kommission. Was bei uns unter Fantasienamen wie Käse nach Feta-Art, Balkankäse, Hirtenkäse, weißer Käse oder auch Schipka-Käse verkauft wird, besteht aus Kuhmilch und hat Griechenland noch nie gesehen. Aber egal ob aus Griechenland, Deutschland oder sonst wo her, eine Scheibe Feta, ein paar Oliven, frisches Weißbrot und ein kühles Glas Wein und plötzlich sind wir alle Griechen.

Ich gewinne, weil der cremige **Feta in einem saftigen Küchlein** einfach perfekt in Szene gesetzt ist: umspielt von knusprigem Teig und abgerundet durch leichte Schärfe von Rucola und einem Hauch Orange – das ist der 1. Platz!

Mit meinen **Fetaspießen** und der genialen Kombi aus fruchtig, herzhaft und kräuterfrisch stecke ich alle in die Tasche – und nehme Sarah, Sandra und Jumbo gleich mit auf eine kleine kulinarische Urlaubsreise.

Bei mir baden **Penne mit Erbsen in cremiger Feta-Sauce.** Da kann sich der würzig-frische Geschmack des Käses optimal entfalten. Und ich habe damit den Sieg ganz sicher!

ZUTAT NO. 3

FETA

FETAKÜCHLEIN
MIT RUCOLA UND ORANGE

FÜR 2 PERSONEN ZUBEREITUNG: 35 MIN. PRO PORTION CA. 720 KCAL

125 g Rucola
1 Knoblauchzehe
½ Bio-Orange
2 EL Olivenöl
1 TL Honig
200 g Feta
Pfeffer
6 Filoteig-Platten (à 25 g; Kühlregal; ersatzweise Yufkateig)
1 Eigelb (M)
1 EL schwarzer Sesam

1 Den Backofen auf 200° vorheizen. Rucola waschen und trocken schleudern, grobe Stiele abschneiden, die Blätter grob hacken. Knoblauch schälen. Die Orangenhälfte heiß waschen und abtrocknen, die Schale abreiben und den Saft auspressen. Orangensaft und -schale mit Knoblauch, Rucola, Olivenöl und Honig in einen Blitzhacker oder einen hohen Rührbecher geben und alles grob pürieren. Den Feta zwischen den Händen zerbröseln, mit der Rucola-Masse mischen und mit Pfeffer abschmecken.

2 Zwei Platten Filoteig auf einem mit Backpapier ausgelegten Backblech übereinanderlegen und ein Drittel der Masse darauf verteilen, eine zweite Doppellage Teig darauflegen und wieder ein Drittel darüber verteilen und so nochmals verfahren. Nun die schmale Seite des Küchleins greifen und zur anderen schmalen Seite klappen. Das Ganze von der neu entstandenen kurzen Seite wiederholen, das Küchlein also zuklappen wie ein Blatt Papier, das man von DIN A 3 auf DIN A 4 auf DIN A 5 immer kleiner faltet.

3 Die offenen Ränder möglichst gut zusammendrücken. Die Füllung gleichmäßig glatt streichen. Das Eigelb verquirlen. Den gefalteten Teig dann damit bestreichen. Das Küchlein mit dem schwarzen Sesam bestreuen und 15–18 Min. im Ofen (Mitte) backen, bis es goldbraun ist. Dann aus dem Ofen nehmen und lauwarm oder vollständig abkühlen lassen. Zum Servieren das Fetaküchlein in Streifen oder Rechtecke schneiden.

ZUTAT NO. 3

FETA

GEBRATENE FETASPIESSE

FÜR 2 PERSONEN ZUBEREITUNG: 20 MIN. PRO PORTION CA. 375 KCAL

1 Zucchino (ca. 250 g)
150 g Feta
8 gelbe Kirschtomaten
1 Spalte Wassermelone
3 Stängel Minze
4 EL Olivenöl
1 EL Zitronensaft
2 TL Honig
Salz
Pfeffer

1 Den Zucchino waschen. Mit dem Sparschäler acht breite Längsstreifen abziehen. Den Feta längs halbieren und quer vierteln, sodass acht Würfel entstehen. Die Würfel in die Zucchinistreifen einrollen. Die Tomaten waschen. Aus der Wassermelone acht fetawürfelgroße Stücke schneiden. Melone, Feta-Zucchini-Röllchen und Tomaten auf acht kleine Schaschlikspieße stecken

2 Minze waschen und trocken schütteln. Die Blätter mit 3 EL Olivenöl, Zitronensaft und Honig fein pürieren, dann salzen.

3 Übriges Öl in einer Pfanne erhitzen. Die Spieße darin mit einer Zucchiniseite nach unten 2 Min. anbraten, dann wenden und weitere 2 Min. braten. Die Spieße auf eine Servierplatte legen. Etwas Pfeffer grob darübermahlen. Die Fetaspieße mit 1–2 EL Minzöl beträufeln und servieren. Restliches Minzöl anderweitig verwenden.

PENNE MIT ERBSEN UND FETA

FÜR 2 PERSONEN ZUBEREITUNG: 20 MIN. PRO PORTION CA. 740 KCAL

200 g Penne
Salz
100 g TK-Erbsen
1 kleine Zwiebel
1 EL Butter
1 EL Olivenöl
1 EL Mehl
200 ml Milch
150 g Feta
Pfeffer
2 Stängel Minze

1 Die Penne in Salzwasser nach Packungsanleitung al dente kochen. 1 Min. vor Ende der Kochzeit die Erbsen in den Topf geben, mitkochen und dabei auftauen lassen. Dann Penne und Erbsen in ein Sieb abgießen und beiseitestellen.

2 Die Zwiebel schälen und fein würfeln. Butter und Olivenöl in den Topf geben und erhitzen. Die Zwiebelwürfel darin 2 Min. anschwitzen. Das Mehl hinzufügen und kurz mit anschwitzen. Die Milch langsam dazugießen und unterrühren. Die Sauce unter Rühren weiterköcheln lassen, bis sie leicht angedickt ist.

3 100 g Feta hinzufügen und unterrühren. Penne und Erbsen mit der Sauce im Topf mischen und erwärmen. Alles mit Salz und Pfeffer abschmecken. Die Minze waschen, trocken schütteln und hacken. Penne mit Minze und übrigem Feta bestreuen und servieren.

WER WIRD ERSTER IN DER KÄSELIGA?

Erstplatzierter Partysnack! Man sollte allerdings wachsam sein, denn Sarahs süchtig machende **Fetaküchlein** sind schnell weg – zumindest, wenn ich auch eingeladen bin. Deshalb für genügend Nachschub sorgen!

Bei Martins **Fetaspießen** bin ich gern Spießer, auch wenn kein Fleisch im Spiel ist. Denn Wassermelone, Feta und Minze schmeißen hier die Show. Mein Frische-Favorit!

Auch Sandras rustikale **Pasta mit Erbsen und Feta** überrascht mit einem frischen Minze-Kick. Und steht schon nach 20 Minuten auf dem Tisch – Sieger in der schnellen Alltagsküche.

Über

GARNELEN

in der Küche wurde schon viel gesagt, über Shrimps im Film noch nicht viel. Hier meine Top 3 der Filme, in denen sie eine Rolle spielen: Platz 3 – *The Simpsons*: Homer frisst das *All-you-can-eat*-Büfett eines Fischrestaurants leer, inklusive der Garnelen-Plastikdekoration. Platz 2 – *The Blues Brothers*: Jake und Elwood Blues (John Belushi und Dan Aykroyd) »genießen« Garnelen im Nobelrestaurant *Chez Paul*, sehr zum Missfallen der anderen Gäste. Platz 1 – Forrest Gump: Tom Hanks legt als Shrimp-Fischer Forrest Gump mit seinem ersten großen Fang den Grundstein für die berühmte *Bubba Gump Shrimp Company*.

Leute, sorry: Keine Chance! In der Pfanne sind **Kürbis und Garnelen** ein echtes Dream-Team und als leuchtend oranges Curry einfach unschlagbar.

Ein Topf Aromenzauber: Kreuzkümmel, Zimt, Koriander und Kurkuma pushen meine **Garnelen in Zitronen-Limetten-Reis** schnell zum Sieg. Sarah und Martin - da könnt ihr einpacken mit euren Blechen und Pfannen!

Die **Garnelen aus dem Ofen mit Salsa verde und Radicchio** sind nicht nur ein optischer Champion. Sie siegen auch mit einer Bestzeit von 15 Minuten – denn dann steht das Essen schon auf dem Tisch.

KÜRBIS-GARNELEN-CURRY

FÜR 2 PERSONEN ZUBEREITUNG: 25 MIN. PRO PORTION CA. 520 KCAL

1 Zwiebel
½ kleiner Hokkaidokürbis (ungeputzt ca. 450 g; ca. 350 g Fruchtfleisch)
250 g geschälte, rohe Garnelen (frisch oder TK und aufgetaut)
1 EL Öl
1 EL gelbe Currypaste
1 TL schwarze Senfkörner
1 EL Zucker
200 g Kokosmilch
Salz
5 Frühlingszwiebeln
200 g Kirschtomaten
1 EL Fischsauce
3 EL Limettensaft
2 Stängel Koriandergrün

1 Die Zwiebel schälen, in Spalten schneiden und diese quer dritteln. Den Kürbis waschen, hässliche Stellen wegschneiden, den Stielansatz und die Kerne entfernen. Das Fruchtfleisch in dünne Scheiben, diese dann in mundgerechte Stücke schneiden. Die Garnelen kalt abbrausen und abtropfen lassen.

2 Das Öl in einer Pfanne erhitzen, die Zwiebelstücke darin kurz anbraten. Currypaste und Senfkörner hinzufügen und kurz mitbraten. Den Zucker dazugeben und unter Rühren leicht karamellisieren lassen. Mit Kokosmilch ablöschen, 200 ml Wasser angießen und alles mit Salz würzen. Die Kürbisstücke dazugeben und zugedeckt bei kleiner bis mittlerer Hitze 5 Min. köcheln lassen.

3 Die Frühlingszwiebeln putzen, waschen und in Ringe schneiden. Ein paar grüne Frühlingszwiebelringe beiseitelegen. Die Tomaten waschen, zum Kürbis in die Pfanne geben und 4 Min. zugedeckt mitgaren. Die Garnelen und den Großteil der Frühlingszwiebeln dazugeben. Alles offen bei kleiner Hitze 1–2 Min. ziehen lassen, bis die Garnelen knapp gar sind.

4 Fischsauce und 2 EL Limettensaft unterrühren. Das Curry mit Salz und nach Belieben mit noch mehr Limettensaft abschmecken und in Schälchen füllen. Koriandergrün waschen, trocken schütteln und grob hacken. Das Curry mit Koriandergrün und den beiseitegelegten Frühlingszwiebeln bestreuen und servieren. Schmeckt gut zu Basmati- oder Jasmin-Reis oder mit indischem Naanbrot.

GARNELEN
IN ZITRONEN-LIMETTEN-REIS

FÜR 2 PERSONEN   ZUBEREITUNG: 35 MIN.   RUHEZEIT: 30 MIN.   PRO PORTION CA. 650 KCAL

160 g Basmatireis
1 rote Zwiebel
3 EL Olivenöl
1 TL Kreuzkümmelsamen
1 TL Zimtpulver
1 TL gemahlener Koriander
1 TL gemahlene Kurkuma
Salz
Pfeffer
225 g geschälte, rohe Garnelen (frisch oder TK und aufgetaut)
½ Limette
½ Zitrone
½ Bund Koriandergrün
30 g Butter

1 Den Reis gründlich waschen, dann 30 Min. in Wasser einweichen und anschließend in einem Sieb abtropfen lassen.

2 Die Zwiebel schälen und fein würfeln. Das Öl bei mittlerer Hitze in einem Topf erhitzen und die Zwiebelwürfel darin 10–15 Min. anbraten, bis sie sehr weich und braun sind. Kreuzkümmel, Zimt, Koriander, Kurkuma, Salz und Pfeffer sowie den abgetropften Reis hinzufügen. Alles gut vermengen und 1 Min. weiter anbraten.

3 350 ml Wasser hinzufügen und mit Salz und Pfeffer würzen. Alles zugedeckt zum Kochen bringen. Den Reis in ca. 10 Min. zugedeckt gar kochen. Dann die Garnelen kalt abbrausen, kurz abtropfen lassen und untermischen. Den Topf vom Herd ziehen und alles zugedeckt 5 Min. ohne Hitzezufuhr ruhen lassen.

4 Inzwischen die Zitronen- und Limettenhälfte auspressen. Das Koriandergrün waschen, trocken schütteln und fein hacken. Zitronen- und Limettensaft, Butter und Koriandergrün in den Topf geben und unter den Reis heben. Garnelen und Zitronen-Limetten-Reis mit Salz und Pfeffer abschmecken und servieren.

ZUTAT NO. 4

GARNELEN

GARNELEN MIT SALSA VERDE UND GEBACKENEM RADICCHIO

FÜR 2 PERSONEN ZUBEREITUNG: 15 MIN. PRO PORTION CA. 720 KCAL

250 g geschälte, rohe TK-Garnelen
½ Bund Basilikum
½ Bund Petersilie
½ grüne Chilischote
1 Knoblauchzehe
15 g Kapern + 3 TL Kapernsud
4 EL Olivenöl + Olivenöl für das Blech (nach Belieben)
1 TL flüssiger Honig
2 kleine Radicchio
2 Pitataschen (à 160 g)
50 g Granatapfelkerne

1 Den Backofen auf 250° vorheizen. Die Garnelen aus dem Tiefkühlfach nehmen, in ein Sieb geben und lauwarm abbrausen, dabei die Eisschicht entfernen. Die Garnelen abtropfen lassen.

2 Für die Salsa Basilikum und Petersilie waschen, trocken schütteln und die Blätter abzupfen. Die Chilihälfte waschen, weiße Trennwände und Kerne entfernen. Den Knoblauch schälen und mit Basilikum, Petersilie, Chili und den Kapern sowie 3 EL Kapernsud, 2 EL Olivenöl und dem Honig in einen hohen Rührbecher geben. Alles mit dem Pürierstab glatt pürieren.

3 Ein Backblech nach Belieben mit etwas Olivenöl bepinseln oder mit Backpapier auslegen. Den Radicchio waschen, putzen, jeweils vierteln und mit insgesamt 1 EL Olivenöl bestreichen. Die Pitataschen mit dem restlichen EL Öl bestreichen und achteln. Radicchio und Pitataschen auf das Blech geben, die Garnelen hinzufügen und alles im Ofen (Mitte) 4 Min. backen.

4 Garnelen, Radicchio und Pitataschen mit Salsa beträufeln, mit den Granatapfelkernen bestreuen und servieren.

AND THE WINNER IS …

Martin kombiniert in der Pfanne Garnelen und Kürbis – perfekt! Bei diesem **Curry** freu ich mich ja fast schon auf den Herbst und die Kürbiszeit - mein Sieger der Saison! Wer braucht schon Halloween für 'ne klasse Kürbisparty, mit diesem Rezept?

Ein frisches Gericht, das man auch ohne große asiatische Kochkenntnisse schnell auf den Teller zaubern kann. Mein Tipp: Von Sandras **Garnelen in Zitronen-Limetten-Reis** gleich mehr machen. Nachschlagrisiko sehr hoch!

Sarahs **Garnelen mit Radicchio und Salsa verde** sind für Tapas-Freunde ein Volltreffer. Zugegeben: Die Tapas-Portionen sind hier ein wenig größer als üblich. Aber darüber hat sich doch noch nie jemand beschwert, oder?

What the hack …

HACKFLEISCH

Eine geniale Erfindung, die es schon im Mittelalter gab, als Nachhaltigkeit eine Notwendigkeit war: Was tun, um auch weniger wertvolle Fleischteile, Innereien und überhaupt so viel wie möglich von einem Tier zu verwerten? Man hackt die Fleischteile winzig klein oder jagt sie durch den Fleischwolf. Und schon gibt's Hackfleisch, Hackepeter, Gewiegtes, Haschee, Faschiertes. Wie man es auch nennt: Heute landet natürlich nicht mehr irgendwas im Hackfleisch. (Oder sollte es jedenfalls nicht.) Bei uns ist es meistens das grob entsehnte Muskelfleisch von Schwein und Rind, entweder ganz pur oder im Verhältnis 50:50 gemischt.

Mein **Chili con Carne** kocht sich fast von allein. Und macht mit schwarzen Bohnen und spannenden Gewürzen alle satt und glücklich. Das muss man doch einfach lieben, oder?

Diese Challenge gewinne ich. Warum? Weil ich dem Hackfleisch den Platz biete, der ihm gebührt: als Patty in einem saftigen **Burger mit Wodka-Mayo und Coleslaw**!

Super einfach ist in diesem Fall einfach super: Bei der **Spätzlepfanne mit Lauch und Trauben** muss ich mich bei der Zubereitung gar nicht strecken und surfe trotzdem ganz entspannt auf der Erfolgswelle!

JUMBO MEINT:

So muss ein **Chili con Carne** schmecken! Der Twist mit der Schokolade ist bei uns eher unbekannt. Die Mexikaner jedoch verfeinern ihr Lieblingsgericht seit jeher damit. Wer es einmal probiert hat, will nicht mehr darauf verzichten. Der Classic Award ist Sandra sicher!

CHILI CON CARNE
MIT SCHWARZEN BOHNEN

FÜR 2 PERSONEN ZUBEREITUNG: 1 STD. PRO PORTION CA. 675 KCAL

3 Schalotten
1 große Knoblauchzehe
½ rote Chilischote
2 EL Olivenöl
½ TL Chilipulver
½ TL geräuchertes Paprikapulver (z. B. spanisches Pimentón dulce)
½ TL Kreuzkümmelsamen
½ Zimtstange
300 g Rinderhack
1 Dose stückige Tomaten (400 g)
Salz
Pfeffer
1 Dose schwarze Bohnen (240 g Abtropfgewicht; ersatzweise Kidney-Bohnen)
100 g Mais (aus der Dose)
10 g Zartbitter-Schokolade (mind. 85 % Kakaogehalt)
½ Bund Koriandergrün

1 Die Schalotten und den Knoblauch schälen und fein würfeln. Die Chili waschen. Mit einem spitzen Messer die Kerne und Trennwände entfernen, Chilihälfte in dünne Ringe schneiden.

2 Das Olivenöl in einem Schmortopf erhitzen und die Schalotten darin 3 Min. bei mittlerer Hitze anbraten. Knoblauch und die Chiliringe hinzufügen und kurz mit anschwitzen.

3 Alle Gewürze in den Topf geben und gründlich untermengen. Das Hackfleisch hinzufügen und 3–5 Min. unter Rühren anbräunen. Die Tomaten und 100 ml Wasser in den Topf geben und mit Salz und Pfeffer würzen. Den Deckel schräg auflegen und alles 30 Min. bei kleiner Hitze köcheln lassen. Gelegentlich umrühren und, falls nötig, etwas mehr Wasser hinzufügen.

4 Dann die Bohnen und den Mais in einem Sieb abtropfen lassen und in den Topf geben. Die Schokolade grob hacken und hinzufügen. Alles bei mittlerer Hitze offen 10 Min. weiterköcheln lassen.

5 Inzwischen den Koriander waschen, trocken schütteln und fein hacken. Das fertige Chili mit Salz und Pfeffer abschmecken, mit Koriandergrün bestreuen und mit Reis, Tortillas oder Brot servieren.

BURGER MIT WODKA-MAYO UND COLESLAW

FÜR 2 PERSONEN ZUBEREITUNG: 25 MIN. PRO PORTION CA. 795 KCAL

300 g Hackfleisch (halb und halb)
Pfeffer
Salz
1 Stück Weißkohl (ca. 100 g)
1 kleine Zwiebel
2 TL Öl
2 Salatblätter
1 kleine Gewürzgurke
40 g Mayonnaise
10 ml Wodka
1 TL Zucker
2 Brötchen (z. B. Kartoffelbrötchen)
2 TL Senf

1 Den Backofen auf 240° vorheizen. Hackfleisch kräftig mit Pfeffer und ½ TL Salz würzen. Zwei Pattys daraus formen. Jeweils in die Mitte mit der Rückseite eines Esslöffels eine leichte Kuhle drücken. Pattys bis zur Verwendung in den Kühlschrank stellen.

2 Die äußeren Weißkohlblätter entfernen, Kohl waschen und auf einer Gemüsereibe bis zum Strunk fein hobeln. Die feinen Kohlstreifen in eine Schüssel geben und mit ½ TL Salz gründlich verkneten. Die Zwiebel schälen und in ½ cm dicke Ringe schneiden.

3 Sobald der Ofen heiß ist, die Pattys auf ein mit Backpapier ausgelegtes Blech geben und mit 1 TL Öl bestreichen. Die Zwiebelringe mit dem restlichen TL Öl vermengen, zu den Pattys auf das Blech geben und beides im Ofen (oben) 10 Min. backen.

4 In der Zwischenzeit die Salatblätter waschen und trocken tupfen. Die Gewürzgurke abtropfen lassen und längs in sehr dünne Scheiben schneiden. Mayonnaise, Wodka und Zucker zu einem Dressing verrühren. Den Kohl gut ausdrücken, mit dem Dressing vermengen und den Coleslaw mit Pfeffer abschmecken.

5 Die Brötchen halbieren und nach 10 Min. Backzeit noch weitere 2 Min. mit den Zwiebeln und den Pattys backen, dabei die Schnittseiten der Hälften nach oben zeigen lassen.

6 Alles aus dem Ofen nehmen. Die Brötchenhälften mit dem Senf bestreichen. Auf die beiden Unterseiten jeweils 1 Salatblatt, die Hälfte der Gurkenscheiben, 1 Patty, die Hälfte der gebackenen Zwiebeln und die Hälfte des Coleslaw legen und mit der oberen Brötchenhälfte abschließen. Die Burger sofort genießen.

JUMBO MEINT:

Selbst für mich als bekennender Burger-Fan eine richtige Überraschung! Getrennt sind mir die Kandidaten Burger und Wodka wohl bekannt. Vereint in Sarahs **Burger mit Wodka-Mayo und Coleslaw** aber sind die beiden ein Spitzen-Team.

ZUTAT NO. 5

HACKFLEISCH

SPÄTZLEPFANNE
MIT LAUCH UND TRAUBEN

FÜR 2 PERSONEN ZUBEREITUNG: 20 MIN. PRO PORTION CA. 775 KCAL

1 Stange Lauch
1 Knoblauchzehe
1 EL Öl
200 g Schweinemett
300 g frische Spätzle (aus dem Kühlregal)
100 ml Gemüsebrühe
100 g dunkle Weintrauben
2 Stängel Petersilie
1 EL Aceto balsamico bianco
Salz
Pfeffer
½ TL rosa Pfefferbeeren
20 g Sbrinz (Hartkäse; ersatzweise Parmesan)

1 Die Lauchstange putzen, der Länge nach achteln, dann quer in 3–4 cm lange Streifen schneiden. Die Lauchstreifen waschen und trocken schleudern. Den Knoblauch schälen und fein würfeln.

2 Das Öl in einer Pfanne erhitzen. Das Mett darin anbraten und dabei mit dem Holzlöffel zerkleinern. Lauchstreifen und Spätzle hinzufügen und 3 Min. unter Rühren mitbraten. Dann den Knoblauch dazugeben, die Gemüsebrühe angießen und alles zugedeckt bei kleiner bis mittlerer Hitze 4 Min. garen.

3 Die Weintrauben waschen und von den Stielen zupfen. Petersilie waschen und trocken schütteln, die Blätter abzupfen und grob zerzupfen. Den Pfanneninhalt umrühren und wenden, die Weintrauben daraufstreuen und alles weitere 5 Min. zugedeckt garen.

4 Den Essig darüberträufeln, die Spätzlepfanne mit Salz und Pfeffer abschmecken. Die Petersilie darüberstreuen. Die Pfefferbeeren grob zerdrücken und darüberstreuen. Sbrinz fein darüberreiben.

JUMBO MEINT:
Ein Gericht wie bei Großmuttern – lecker und ohne Chichi. Martins **Spätzlepfanne** schmeckt ganz einfach nach Zuhause.
Wohlfühlfaktor-Stufe: OMA!

Hallo,

HÄHNCHEN-SCHENKEL!

Für mich der beste Teil vom Hähnchen, und zwar egal in welchem »Aggregatszustand«: gebraten, gegrillt, paniert, gebacken … Und darum hier was Wichtiges aus der Rubrik »Jumbo klärt auf«: Frisches Hähnchenfleisch vor dem Zubereiten bitte nicht mit Wasser abwaschen. Es ist ein weit verbreiteter Irrtum, man müsse das Hähnchen mit Wasser von Bakterien befreien. Im Gegenteil: Durch spritzendes Wasser verteilt man eventuelle Keime. Es reicht völlig aus, das Fleisch mit sauberem Küchenpapier abzutupfen. Und sollten dennoch Keime vorhanden sein, werden sie durch die hohen Temperaturen beim Garen abgetötet. Wirklich!

Meine **Hähnchen-Tajine** ist ein echter Selbstläufer: Denn die marokkanischen Aromen machen diese geniale Schmorpfanne einfach zu einem unwiderstehlichen Genuss. Und ich mach damit hier den Sieg!

In meinem **mediterranen Topf** werden die Hähnchenschenkel nicht nur knusprig, sondern bleiben auch besonders saftig. Dazu Zitrone und Artischocken – da träumt Jumbo sicher von Italien und reicht mir die Sieger-Trophäe strahlend rüber.

Fried Chicken könnt ihr knicken! Bei mir gibt's **Orangenhähnchen**, veredelt mit Safran – dem roten Gold. Die Goldmedaille für das beste Rezept nehme ich dafür gerne.

HÄHNCHEN-TAJINE

FÜR 2 PERSONEN   ZUBEREITUNG: 1 STD.   PRO PORTION CA. 745 KCAL

1 EL Orangenmarmelade
2 TL Ras el Hanout
1 TL edelsüßes Paprikapulver
½ TL Zimtpulver
2 EL Öl
Salz
300 g Möhren
2 Zwiebeln
2 Knoblauchzehen
1 Stück Ingwer (1 cm lang)
1 Dose Kichererbsen (240 g Abtropfgewicht)
2 Hähnchenschenkel
300 ml Hühnerbrühe
1 Döschen Safranfäden (0,1 g)
200 g Kirschtomaten
100 g getrocknete Aprikosen
1 EL Zitronensaft
Pfeffer
½ Bund Koriandergrün (nach Belieben)

1 Für eine Würzmischung Orangenmarmelade, Ras el Hanout, Paprikapulver, Zimt und 1 ½ EL Öl verrühren, die Mischung mit Salz würzen. Die Möhren putzen, schälen und schräg in dicke Scheiben schneiden. Die Zwiebeln schälen und klein schneiden. Knoblauch und Ingwer schälen und in Scheiben schneiden. Die Kichererbsen in ein Sieb abgießen, kalt abbrausen und abtropfen lassen.

2 ½ EL Öl in einer hitzefesten Tajine-Pfanne oder normalen Pfanne erhitzen. Die Hähnchenschenkel darin von beiden Seiten bei mittlerer Hitze 4 Min. anbraten, bis sie gut gebräunt sind. Inzwischen die Hühnerbrühe erhitzen und mit dem Safran mischen.

3 Die Möhrenscheiben und die Zwiebeln in die Pfanne geben und kurz mitbraten, dann die Safran-Brühe angießen. Kichererbsen, Knoblauch und Ingwer dazugeben. Die Hähnchenschenkel mit je 1 TL Würzmischung bestreichen und alles zugedeckt bei kleiner Hitze zunächst 10 Min. schmoren lassen.

4 Inzwischen die Tomaten waschen und nach Belieben halbieren. Die Aprikosen längs halbieren und nach 10 Min. Schmorzeit in die Pfanne geben. Alles 10 Min. weiterschmoren lassen, dann Tomaten hinzufügen. Alles zugedeckt weitere 20 Min. schmoren lassen.

5 Zum Schluss die Hähnchenschenkel aus der Pfanne nehmen. Die Sauce mit der restlichen Würzmischung verrühren und damit binden. Mit ½ EL Zitronensaft, Salz und Pfeffer würzen, nach Belieben mit noch mehr Zitronensaft abschmecken. Das Koriandergrün, falls verwendet, waschen, trocken schütteln und hacken. Die Hähnchenschenkel wieder zum Gemüse geben. Alles nach Belieben mit dem Koriander bestreuen und servieren. Dazu passt Couscous.

MEDITERRANER HÄHNCHEN-TOPF

FÜR 2 PERSONEN ZUBEREITUNG: 40 MIN. MARINIERZEIT: 6 STD. PRO PORTION CA. 510 KCAL

½ TL Knoblauchpulver
1 ½ TL getrockneter Oregano
½ TL Cayennepfeffer
Salz
2 Hähnchenschenkel
2 Knoblauchzehen
½ Bio-Zitrone
2 TL Kapern
2 EL Olivenöl
100 ml trockener Weißwein
250 ml Hühnerbrühe
4 eingelegte Artischockenherzen (aus dem Glas)
10 Kalamata-Oliven mit Stein
½ Bund glatte Petersilie
Salz
Pfeffer

1 Knoblauchpulver, Oregano, Cayennepfeffer und ½ TL Salz in einer kleinen Schüssel mischen. Die Hähnchenschenkel in einen Gefrierbeutel geben und die Gewürze hinzufügen. Den Beutel verschließen und dabei die Luft herausdrücken. Die Gewürze im Beutel in Hähnchenhaut und Fleisch einmassieren. Die Hähnchenschenkel 6 Std. im Kühlschrank marinieren lassen.

2 Dann die Knoblauchzehen schälen und fein würfeln. Die Zitronenhälfte heiß waschen, abtrocknen und in schmale Scheiben schneiden. Die Kapern abtropfen lassen. Die Hähnchenschenkel aus dem Beutel nehmen und mit Küchenpapier trocken tupfen. Das Olivenöl in einem großen Topf erhitzen. Die Hähnchenschenkel darin mit der Hautseite nach unten 6 Min. bei großer Hitze anbraten. Umdrehen und weitere 4 Min. braten.

3 Die Hitze reduzieren und die Zitronenscheiben mit Knoblauch und Kapern hinzufügen. Kurz mit anbraten, bis der Knoblauch etwas Farbe angenommen hat, dann alles mit dem Weißwein ablöschen. Den Weißwein aufkochen und so viel Hühnerbrühe dazugießen, dass die Haut der Hähnchenschenkel nicht bedeckt ist. Alles bei kleiner Hitze 10 Min. offen köcheln lassen.

4 Dann die Artischocken abtropfen lassen und je nach Größe halbieren oder vierteln. Mit den Oliven in den Topf geben und alles weitere 10 Min. offen köcheln lassen. Inzwischen die Petersilie waschen, trocken schütteln und fein hacken. Den fertigen Hähnchen-Topf mit Salz und Pfeffer abschmecken, mit Petersilie bestreuen und servieren. Dazu passt Couscous oder Reis.

ZUTAT NO. 6

HÄHNCHENSCHENKEL

ORANGEN-HÄHNCHEN
MIT KARTOFFELN UND MINZ-DIP

FÜR 2 PERSONEN   ZUBEREITUNG: 1 STD.   PRO PORTION CA. 680 KCAL

600 g Kartoffeln
2 EL Olivenöl
1 TL gemahlener Kreuzkümmel
1 Bio-Orange
Salz
1 Prise Zucker
½ Döschen Safranfäden (0,05 g)
2 Hähnchenschenkel
50 g Quark (20 % Fett i. Tr.)
150 g Joghurt
1 Stängel Minze
Pfeffer
50 g Baby-Blattspinat

1 Den Backofen auf 230° vorheizen. Ein Backblech mit Backpapier auslegen. Die Kartoffeln gründlich waschen, grüne oder braune Stellen großzügig entfernen, die Kartoffeln in Spalten schneiden und in eine Schüssel geben. 1 EL Öl und Kreuzkümmel zu den Kartoffeln geben und gründlich miteinander vermengen. Dann die Kartoffeln auf zwei Dritteln des Backblechs verteilen.

2 Die Orange heiß waschen und abtrocknen, die Schale abreiben und die Orange in dünne Scheiben schneiden. ½ TL Salz, Zucker und Safran in einem Mörser vermischen, dann mit dem restlichen EL Öl und der Orangenschale vermengen. Die Haut der Hähnchenschenkel damit einreiben. Die Orangenscheiben nebeneinander auf dem Blech anordnen und die Hähnchenschenkel darauflegen. Im Ofen (Mitte) ca. 45 Min. goldbraun backen.

3 Inzwischen Quark und Joghurt verrühren. Die Minze waschen, trocken schütteln und fein hacken. Minze unter den Joghurt-Quark mischen und den Dip mit Salz und Pfeffer abschmecken. Spinat waschen, trocken schleudern und nach Belieben kleiner schneiden.

4 Zum Servieren die Kartoffeln salzen, pfeffern und auf dem Blech mit dem Spinat vermischen. Auf zwei Teller verteilen, die Hähnchenschenkel dazugeben und den Minz-Dip dazu reichen.

CHICKEN-CHALLENGE – THE RESULT:

Martins scharf-würzige **Hähnchen-Tajine mit Kichererbsen** ist in den nordafrikanischen Regionen seit langem bekannt und beliebt. Sie setzt aktuell zu einem kulinarischen Siegeszug bei uns an. Das hat auch seinen Grund: Das Schmorgericht schmeckt einfach sensationell.

Für mich ist dieser **Hähnchen-Topf** fast wie ein Kurzurlaub am Meer. Sandra hat hier die typischen mediterranen Aromen eingefangen. Urlaubsfeeling-Faktor: hoch! Für den Sonnenuntergang müsst ihr allerdings selbst sorgen.

Mit kreuzkümmelwürzigen Kartoffeln und frischem Minz-Dip hat Sarahs **Orangen-Hähnchen** zwei ideale Begleiter gefunden. Eine sehr pfiffige Geschmackskombination! Und bitte keine Hemmungen! Es schmeckt so lecker, da darf man ruhig die Knochen abnagen.

Lecker Fisch:

KABELJAU

Er hat mehr Künstlernamen als Prince: Wir nennen ihn »Kabeljau«, doch während seiner Teenager-Tage heißt der Kollege gern mal »Dorsch«. Hoch oben im Atlantik und in den skandinavischen Gewässern hört er auf den Namen »Skrei«, der auch als Winterkabeljau bei uns im Fischgeschäft landet. Die Amerikaner machen es sich da viel leichter. Bei ihnen ist der Kabeljau einfach der *cod fish* – egal aus welchem Wasser er gefischt wurde oder wie alt er ist. Und für mich ist Kabeljau einfach nur lecker! Sein eher neutraler Geschmack macht ihn zum idealen Einsteiger-Fisch und zum perfekten Begleiter für alles, was man ihm so an die Seite stellt. Bin gespannt, was die drei sich ausgedacht haben.

Der **Kabeljau im Speckmantel** beweist: Es muss nicht immer ultra-exotisch sein! Mit norddeutscher Sehnsuchtsküche und einem Schuss Raffinesse – hier spiele ich definitiv vorne mit.

Spannende Gewürze verleihen meinen **Kabeljau-Frikadellen** einen ganz neuen Twist. Und in Tomatensauce köcheln sie dann ihrer Topform entgegen. Da wird Jumbo staunen!

Kabeljau im Ofen gegart, abgerundet mit der milden Süße der Birne und dem würzig-herben Kardamom – zarter und aromatischer geht es kaum! Das kriegt man nur im Ofen hin, und deshalb geht der Punktsieg klar an mich.

ZUTAT NO. 7

KABELJAUFILET

KABELJAU IM SPECKMANTEL MIT LAUWARMEM GURKENSALAT

FÜR 2 PERSONEN   ZUBEREITUNG: 25 MIN.   PRO PORTION CA. 530 KCAL

1 kleine Zwiebel
3 TL körniger Senf
3 TL Zitronensaft
Salz
Pfeffer
4 Stücke Kabeljaufilet (à ca. 80 g)
8 Scheiben Frühstücksspeck (Bacon)
2 kleine, schmale Salatgurken
3 EL Aceto balsamico bianco
100 g Schmand
1 EL Zucker
1 kleines Bund Dill
1 EL Butterschmalz

1 Die Zwiebel schälen, halbieren und sehr fein hacken. 1 EL gehackte Zwiebel mit 2 TL körnigem Senf und 1 TL Zitronensaft mischen und mit Salz und Pfeffer würzen.

2 Die Fischfilets waschen und trocken tupfen. Mit dem restlichen Zitronensaft beträufeln und mit Salz und Pfeffer würzen. Je 2 Scheiben Frühstücksspeck leicht überlappend der Länge nach nebeneinander auslegen und mit der Senf-Zwiebel-Mischung bestreichen. Die Fischstücke in die Speckscheiben einrollen.

3 Die Gurken waschen und mit dem Sparschäler längs in Streifen schneiden, dabei den wässrigen Mittelteil weglassen. Restliche gehackte Zwiebel mit Essig, Schmand, Zucker und restlichem Senf verrühren. Mit Salz und Pfeffer würzen. Dill waschen und trocken schütteln, die Spitzen abzupfen, fein hacken und unterheben. Die Gurkenstreifen mit dem Dressing mischen.

4 Das Butterschmalz in einer Pfanne erhitzen. Die Fischpäckchen darin bei kleiner bis mittlerer Hitze rundherum 6–8 Min. braten, bis der Kabeljau knapp gar und der Speck leicht gebräunt ist. Fischpäckchen aus der Pfanne nehmen, die Pfanne mit einem Küchenpapier säubern. Dann den Gurkensalat kurz in der heißen Pfanne schwenken. Die Fischpäckchen wieder daraufgeben und alles in der Pfanne servieren oder auf Tellern anrichten.

JUMBO MEINT:
Für mich ist die Kombi aus Fisch und Fleisch immer großes Kino. Und das i-Tüpfelchen ist hier der lauwarme Gurkensalat, der in der Pfanne mitgeschwenkt wird. Surf & Turf fürs Siegertreppchen!

JUMBO MEINT:
Diese Frikadellen machen süchtig. Ob heiß, lauwarm oder sogar kalt – sie sind ein echter Leckerbissen. Fleischsehnsucht: 0 % – Genuss: 100 %!

KABELJAU-FRIKADELLEN

FÜR 2 PERSONEN ZUBEREITUNG: 40 MIN. PRO PORTION CA. 375 KCAL

1 Zwiebel
1 Dose stückige Tomaten (400 g)
1 TL gemahlener Kreuzkümmel
1 TL gemahlener Koriander
Salz
Cayennepfeffer
1 Knoblauchzehe
6 Stängel Petersilie
10 Stängel Koriandergrün
300 g Kabeljaufilet
1 Ei (S)
30 g Semmelbrösel (+ 20 g Semmelbrösel bei Bedarf)
2 EL Olivenöl

1 Die Zwiebel schälen, halbieren und grob würfeln. Die Hälfte der Würfel mit Tomaten, Kreuzkümmel und Koriander pürieren. Die Sauce mit Salz und Cayennepfeffer kräftig würzen.

2 Knoblauch schälen. Kräuter waschen, trocken schütteln und grob hacken. Das Filet waschen, trocken tupfen und mit Knoblauch, Kräutern sowie den übrigen Zwiebelwürfeln im Blitzhacker oder mit dem Pürierstab zerkleinern. Mischung in einer Schüssel mit Ei und Semmelbröseln vermengen und mit Salz und Cayennepfeffer würzen. Falls nötig, noch 15–20 g Brösel untermengen.

3 Aus der Masse sechs Frikadellen formen, diese im heißen Öl in einem Topf in 8–10 Min. goldbraun braten. Tomatensauce und 50 ml Wasser hinzufügen. Topfdeckel schräg auflegen. Alles 20 Min. bei kleiner Hitze köcheln lassen und mit Weißbrot servieren.

ZUTAT NO. 7

KABELJAUFILET

JUMBO MEINT:
Wenig Aufwand, großer Effekt: Wenn ihr jemand beeindrucken wollt, landet ihr 'nen Volltreffer.

KABELJAU MIT KÄSE UND BIRNEN

FÜR 2 PERSONEN ZUBEREITUNG: 15 MIN. BACKZEIT: 15 MIN. PRO PORTION CA. 745 KCAL

300 g Kabeljaufilet
50 g Butter
½ Bio-Zitrone
100 g Ziegenkäserolle
1 kleine, rotschalige Birne
½ rote Zwiebel
1 Stück Ingwer (1 cm lang)
Salz
Pfeffer
½ TL gemahlener Kardamom
1 Baguette zum Aufbacken (200 g)

1 Das Filet waschen, trocken tupfen und auf ein mit Backpapier ausgelegtes Blech legen. Die Papierenden rechts und links anheben und verzwirbeln. Den Backofen auf 200° vorheizen. 1 EL Butter in Flöckchen über dem Fisch verteilen. Zitrone heiß waschen und abtrocknen, Schale abreiben und Saft auspressen. Die Käserolle in 14 Scheiben schneiden. Die Birne waschen, vierteln, entkernen und in Scheiben schneiden. Zwiebelhälfte schälen und in Halbringe schneiden. Ingwer schälen, fein hacken und mit restlicher Butter, Zitronenschale, Salz, Pfeffer und Kardamom vermengen.

2 Zitronensaft, Salz und Pfeffer über den Fisch geben. Käse- und Birnenscheiben dachziegelartig darüber verteilen. Zwiebelringe darübergeben. Das Baguette in kurzen Abständen einschneiden, in die Einschnitte die Ingwerbutter streichen. Das Baguette auf das Blech legen und alles im Ofen (Mitte) ca. 15 Min. backen.

Superknollen

KARTOFFELN

Es kann kein Zufall sein, dass die meisten Kartoffelsorten Frauennamen tragen. Hier wie dort ist es unmöglich, alle unter einen Hut zu bekommen – zu unterschiedlich sind jeweils Charakter und Einsatzgebiet. Doch eines ist klar, sie ist aus unserer Küche nicht mehr wegzudenken. Also die Kartoffel, meine ich. Süßlich-bissig oder weich und mehlig, da ist für jeden Geschmack etwas dabei. Und man kann mit den Knollen klasse experimentieren, weil sie von Aubergine bis Ziegenkäse zu allem passen. Richtige Frauen sind selten so kompatibel wie unsere Kartoffel. (Ich freue mich jetzt schon auf die Leserbriefe, gerne auch von Männern.)

Knusprige **Bratkartoffeln** sind einfach Futter für die Seele. Und wenn sie – wie hier – kräftig deftig und gleichzeitig nordisch frisch daherkommen, hab ich die Hand schon am Pokal.

Kartoffeln und Topf – mit der Kombi mache ich hier den Sieg! Weil es mit meiner **Kartoffel-Würstchen-Suppe** wie früher schmeckt …

Denkt bloß nicht, dass ich hier mit einfachen Ofenkartoffeln antrete! Ich hab' mir eine brandneue **Kartoffelgratin-Version** mit Bohnen und extra-großer Knusperhaube ausgedacht – gegen die könnt ihr einpacken!

ZUTAT NO. 8

KARTOFFELN

BRATKARTOFFELN
MIT SPECK UND KRABBEN

FÜR 2 PERSONEN ZUBEREITUNG: 25 MIN. PRO PORTION CA. 510 KCAL

700 g festkochende Kartoffeln
100 ml Öl (zum Braten)
1 Zwiebel
70 g geschälte und gegarte Nordseekrabben (frisch oder aus dem Glas)
1 kleines Bund Gartenkräuter (z. B. Dill, Petersilie, Schnittlauch; ersatzweise nur Schnittlauch)
1 EL Butterschmalz
50 g Speckwürfel
½ TL schwarze Senfkörner
Salz
½ TL edelsüßes Paprikapulver
Pfeffer
2 Zitronenschnitze

1 Die Kartoffeln schälen und in 3–4 mm dicke Scheiben schneiden oder hobeln. Das Öl in einer großen Pfanne erhitzen und die Kartoffelscheiben darin unter gelegentlichem Wenden 5 Min. braten, bis sie leicht gebräunt und knusprig sind.

2 Inzwischen die Zwiebel schälen und würfeln. Die Krabben in ein Sieb abgießen, kalt abbrausen und abtropfen lassen. Die Kräuter waschen und trocken schütteln. Dillspitzen und Petersilienblätter fein hacken. Schnittlauch in feine Röllchen schneiden.

3 Das Öl vorsichtig aus der Pfanne gießen, stattdessen Butterschmalz hereingeben. Die Kartoffeln an den Rand schieben, die Speck- und Zwiebelwürfel in die Mitte der Pfanne geben und 2 Min. bei mittlerer Hitze braten. Dann die Senfkörner dazugeben. Den Pfanneninhalt salzen, mischen und alles weitere 3–4 Min. braten, bis die Zwiebelwürfel leicht gebräunt sind.

4 Krabben und Paprikapulver dazugeben. Alles mit Salz und Pfeffer abschmecken. 2 EL Kräutermix untermischen, restliche Kräuter darüberstreuen. Die Zitronenschnitze zum Abschmecken dazulegen und die Bratkartoffeln servieren. Dazu passt Kräuterquark.

ZUTAT NO. 8

KARTOFFELN

BERLINER KARTOFFELSUPPE

FÜR 2 PERSONEN ZUBEREITUNG: 50 MIN. PRO PORTION CA. 540 KCAL

1 Stange Lauch
600 g vorwiegend festkochende Kartoffeln
160 g Möhren
120 g Knollensellerie
40 g durchwachsener Räucherspeck (in dünnen Scheiben)
frisch geriebene Muskatnuss
1 TL Pimentkörner
2 Lorbeerblätter
Salz
Pfeffer
4 Wiener Würstchen
2 EL TK-Petersilie

1 Den Lauch putzen, gründlich waschen und in kleine Stücke schneiden. Kartoffeln, Möhren und Sellerie putzen, schälen und klein würfeln. Den Speck quer in dünne Streifen schneiden.

2 Einen Topf bei mittlerer Hitze ohne Fett erhitzen. Den Speck darin in 3 Min. knusprig anbraten. Lauch, Kartoffeln, Sellerie und Möhren hinzufügen und alles mit 1 l Wasser auffüllen. 1 Prise Muskat, Pimentkörner, Lorbeerblätter und 1 Prise Salz hinzufügen und alles zugedeckt 25–30 Min. köcheln lassen.

3 Den Topf vom Herd nehmen und mit einem Kartoffelstampfer die Hälfte der Suppe grob zerstampfen. Die Suppe mit Salz und Pfeffer abschmecken und zurück auf den Herd stellen. Die Wiener Würstchen hineingeben und bei kleiner Hitze in 3 Min. gar ziehen lassen. Die Suppe mit der Petersilie bestreut servieren.

KARTOFFELGRATIN MIT BOHNEN

FÜR 2 PERSONEN ZUBEREITUNG: 10 MIN. BACKZEIT: 25 MIN. PRO PORTION CA. 790 KCAL

40 g Butter
400 g vorwiegend festkochende Kartoffeln
1 Zwiebel
100 g Appenzeller
200 g feine, grüne TK-Bohnen
200 g Sahne
1 geh. TL gekörnte Gemüsebrühe
Salz
Pfeffer

1 Den Backofen auf 240° vorheizen. Ein Backblech mit der Butter ausstreichen. Die Kartoffeln gründlich waschen oder schälen, grüne oder braune Stellen großzügig entfernen und die Kartoffeln mit einem Gemüsehobel in sehr feine Scheiben schneiden. Die Zwiebel schälen, halbieren und in feine Ringe schneiden. Den Appenzeller entrinden und auf einer Reibe grob raspeln.

2 Die Kartoffeln in Reihen dachziegelartig nebeneinander auf zwei Dritteln des Blechs verteilen. Daneben die Bohnen verteilen. Die Zwiebelringe über die Kartoffeln legen. Die Sahne mit der gekörnten Brühe verquirlen und über Kartoffeln und Bohnen geben.

3 Den Käse über die Kartoffeln streuen, das Blech in den Ofen (Mitte) schieben und Kartoffelgratin und Bohnen 25 Min. backen. Vor dem Servieren alles mit Salz und Pfeffer würzen.

SONDERPREIS FÜR COACH-POTATOS:

Ganz nach meinem Geschmack: Martins **Bratkartoffeln** sind ein richtiges Männergericht mit allem Drum und Dran! Aber bitte nicht rumerzählen, sonst müsst ihr noch 'ne doppelte Portion für die Mädels machen. ☺

Etwas Warmes für die kalten Jahreszeit! Und wenn das auch noch so gut schmeckt wie Sandras **Berliner Kartoffelsuppe**, dann mach ich gern eine Ausnahme und koch sie mir auch an warmen Tagen. Meister in der Jeden-Tag-Küche!

Sarahs **Kartoffelgratin** ist schnell gemacht, perfekt zu Fleisch und Fisch und bekommt mit den Bohnen noch einen Extra-Kick. Klarer Alltagssieger! Ob mild, pikant oder rustikal ist hier ganz einfach über die Käsesorte zu steuern.

News über

KICHERERBSEN

Dass sie im Orient gerne gegessen werden? Klar! Aber das schon seit mehr als 8.000 Jahren? War mir neu. Auch dass die tollen Hülsenfrüchte in einzelnen Regionen Italiens sehr beliebt sind. Für die *Pasta e ceci* zum Beispiel werden gekochte Kichererbsen (ital. *ceci*) in einer aromatischen Tomatensauce zu Nudeln serviert, und auch in Minestrone und im Risotto sind sie zu finden. Und sie haben noch ein kleines Geheimnis, denn mit ihren vielen Nähr- und Ballaststoffen plus Antioxidantien sollen sie ein wahrer Jungbrunnen sein. Wer viele Kichererbsen isst, lebt länger, sagen viele Studien (vereinfacht gesagt). Und wer lange lebt, der hat gut kichern – und da wären wir ja wieder beim Namen. ☺

Bei meinem **Kichererbsensalat** ist das Team der Star: Warmer Salat, knusprige Brotchips und ein zitronig frisches Sesam-Dressing zeigen hier eine geschlossene Mannschaftsleistung mit Siegpotential!

Kichererbsen-Curry klingt langweilig? Da täuscht euch mal nicht! Mit Mango, Chili und Kokosmilch peppe ich das siegessicher auf.

Wie ein Märchen aus 1001 Nacht schmeckt mein **Salat mit gebackenen Kichererbsen, Blumenkohl und Dukkah**. Und damit werden Märchen wahr, und ich gewinne die Challenge.

WARMER KICHERERBSENSALAT

FÜR 2 PERSONEN ZUBEREITUNG: 20 MIN. PRO PORTION CA. 680 KCAL

1 Knoblauchzehe
4 Stängel Minze
4 Stängel Petersilie
2 EL Zitronensaft
1 EL Tahin (Sesampaste)
2 EL Olivenöl
3 TL Honig
Salz
Pfeffer
1 Dose Kichererbsen (240 g Abtropfgewicht)
1 gelbe Paprika
1 Stück Halloumi (225 g)
1 rote Zwiebel
50 g Baby-Spinat
½ TL gemahlener Koriander
½ TL gemahlener Kreuzkümmel
1 Prise Cayennepfeffer
1 Handvoll Brotchips
2 TL gerösteter Sesam (nach Belieben)

1 Für das Dressing den Knoblauch schälen und grob würfeln. Die Kräuter waschen und trocken schütteln, die Blätter abzupfen. Knoblauch mit Kräutern, Zitronensaft, Tahin, 1 EL Olivenöl und 2 TL Honig pürieren. Dressing mit Salz und Pfeffer abschmecken.

2 Die Kichererbsen in ein Sieb abgießen, kalt abbrausen und abtropfen lassen. Die Paprika waschen, halbieren, weiße Trennwände und Kerne entfernen. Die Hälften grob würfeln. Den Halloumi abtropfen lassen und in Würfel schneiden. Die Zwiebel schälen und würfeln. Den Baby-Spinat waschen und trocken schleudern.

3 Den restlichen EL Olivenöl in einer Pfanne erhitzen und Kichererbsen, Halloumi, Paprika und Zwiebel darin 5 Min. unter Wenden braten, bis der Halloumi rundherum leicht gebräunt ist. Restlichen Honig und die Gewürze dazugeben. Alles gut durchmischen und noch kurz weiterbraten. Mit Salz und Pfeffer würzen.

4 Die Brotchips grob zerbröckeln. Die Pfanne vom Herd nehmen. Den Pfanneninhalt kurz mit dem Spinat und den Brotchips mischen und sofort auf zwei Teller verteilen. Das Dressing darüberträufeln und den Kichererbsensalat warm servieren. Nach Belieben den Salat noch mit geröstetem Sesam garnieren.

KICHERERBSEN-MANGO-CURRY

FÜR 2 PERSONEN ZUBEREITUNG: 40 MIN. PRO PORTION CA. 510 KCAL

1 rote Zwiebel
2 Knoblauchzehen
½ rote Chilischote
1 Stück Ingwer (3 cm lang)
1 gelbe Paprika
2 EL Sonnenblumenöl
½ Mango (ca. 150 g Fruchtfleisch)
½ TL gemahlener Kreuzkümmel
1 TL Currypulver
250 g Kokosmilch
1 Dose Kichererbsen (240 g Abtropfgewicht)
½ Bund Koriandergrün
Salz
Pfeffer
1 EL Limettensaft

1 Zwiebel und Knoblauch schälen und fein würfeln. Die Chilihälfte waschen, halbieren, weiße Trennwände und Kerne entfernen, das Fruchtfleisch fein hacken. Den Ingwer schälen und fein raspeln. Die Paprika waschen, halbieren, weiße Trennwände und Kerne entfernen, die Hälften in kleine Stücke schneiden.

2 Das Sonnenblumenöl bei mittlerer Hitze in einem Topf erhitzen. Zwiebel, Knoblauch, Chili, Ingwer und Paprika hinzufügen und 8 Min. anschwitzen. Inzwischen die Mangohälfte schälen, das Fruchtfleisch klein schneiden und im Blitzhacker oder in einem hohen Rührbecher mit dem Pürierstab pürieren.

3 Kreuzkümmel und Currypulver in den Topf geben und kurz mitrösten. Die Kokosmilch und das Mangopüree hinzufügen. Alles 10 Min. zugedeckt bei kleiner Hitze köcheln lassen. Die Kichererbsen in ein Sieb abgießen, kalt abbrausen und hinzufügen. Das Curry weitere 10 Min. bei kleiner Hitze köcheln lassen.

4 Inzwischen das Koriandergrün waschen, trocken schütteln und grob hacken. Das Kichererbsen-Mango-Curry mit Salz, Pfeffer und Limettensaft abschmecken. Das Koriandergrün darüberstreuen und das Curry servieren. Dazu passt Reis.

ZUTAT NO. 9

KICHERERBSEN

KICHERERBSEN-BLUMENKOHL-SALAT
MIT DUKKAH

FÜR 2 PERSONEN ZUBEREITUNG: 35 MIN. PRO PORTION CA. 640 KCAL

Für das Dukkah:
1 EL Haselnusskerne
1 EL Cashewkerne
1 TL Pinienkerne
1 TL Korianderkörner
1 EL heller Sesam
1 TL Fenchelsamen
1 TL Kreuzkümmel
1 TL Pfefferkörner
1 TL edelsüßes Paprikapulver
Salz

Für den Salat:
½ Blumenkohl
5 EL Olivenöl
1 Dose Kichererbsen (240 g Abtropfgewicht)
2 Knoblauchzehen
125 g Baby-Blattspinat
3 EL Apfelessig
Salz
1 Avocado

1 Den Backofen auf 220° vorheizen. Haselnüsse, Cashews und Pinienkerne auf einem mit Backpapier ausgelegtem Blech verteilen und im Ofen (oben) 3 Min. rösten. Dann mit den übrigen Gewürzen für das Dukkah und 1 TL Salz in einen Blitzhacker geben und zu einer feinkörnigen Masse zerkleinern. Oder die Nüsse hacken, die Gewürze im Mörser mahlen, dann mit 1 TL Salz mischen.

2 Für den Salat den Blumenkohl waschen, in ca. 1 cm dicke Scheiben schneiden und auf dem Backblech verteilen. 2 EL Dukkah-Gewürz mit 5 EL Olivenöl vermengen. Blumenkohl-Scheiben von beiden Seiten mit zwei Dritteln des Dukkah-Öls einpinseln. Übriges Dukkah-Gewürz für ein anderes Gericht verwenden, z. B. Bratkartoffeln. Es hält sich luftdicht verschlossen ca. 2 Monate.

3 Die Kichererbsen in ein Sieb abgießen, kalt abbrausen und abtropfen lassen. Kichererbsen mit dem restlichen Dukkah-Öl vermengen. Knoblauch schälen und mit den Kichererbsen auf das Blech geben. Im Ofen (Mitte) 15 Min. backen, dann das Gemüse wenden und in weiteren 5 Min. im Ofen (oben) fertig backen.

4 Inzwischen den Spinat waschen und trocken schleudern, mit 2 EL Apfelessig und etwas Salz in eine Schüssel geben und marinieren. Die Avocado halbieren und entsteinen. Das Fruchtfleisch aus der Schale lösen, in Streifen schneiden und mit dem übrigen Apfelessig beträufeln, damit es nicht braun wird.

5 Das Blech aus dem Ofen nehmen, alles leicht abkühlen lassen. Den Knoblauch grob hacken und unter den Spinat mengen. Spinat und Avocado mit auf das Blech geben oder mit Kichererbsen und Blumenkohl auf einer Platte anrichten. Dazu passt Fladenbrot.

JUMBOS SMILEY-AWARD!

Ein sensationeller Salat – mit griechischem Twist und Gewürzen wie aus 1001 Nacht. Alle Bestandteile harmonieren perfekt. Martins **warmer Kichererbsensalat** hat in meiner Küche »Dauergast-Potential«.

Ich dachte immer, ein **Curry** ohne Fleisch geht gar nicht! Geht doch!! Sandras Version aus süßer Mango, Kichererbsen und leichter Chili-Schärfe ist mein neuer Hero. Jetzt denke ich, ein Curry ohne Kichererbsen geht gar nicht. Tja, wie sich die Zeiten ändern!

Sieger mit Superaroma dank Dukkah, der würzigen Nussmischung! Von Sarahs **Kichererbsen-Blumenkohl-Salat** habe ich mir gleich zweimal Nachschlag geholt. Der Bundesjumbominister warnt: Achtung, der Verzehr dieses Salats kann süchtig machen!

Einsteigermodell

LACHSFILET

Für mich ist der Lachs in der Fischküche wie ein Fahrschulauto: einfach und sehr genügsam im Umgang und daher genau richtig für die ersten »Fahrversuche«. Auch die eine oder andere kleine »Kochbeule« steckt der Salmonide schon mal weg. Und gelingen die ersten Kochstunden mit dem Lachs, kann man einen Gang höher schalten: Der Lachs und sein Filet sind nämlich wahre Tausendsassa – das Kochtrio stellt's auf den nächsten Seiten unter Beweis. Aber ob aus Pfanne, Topf oder vom Blech: Bitte verzichtet auf Fisch aus konventionellen Aqua-Kulturen! Die bessere Alternative ist Wild- oder Bio-Lachs.

Sanft gegarter **Lachs in aromatischem Miso-Fond** – das gibt's nicht überall! Sarah und Martin – mit diesem Rezept schlage ich euch ganz sicher!

Bye-bye Topf und Blech! Fein glasierter **Lachs und kurzgebratenes Teriyaki-Gemüse** gelingen so perfekt nur in der Pfanne!

Ohne Flachs – ich mach den besten Lachs! Meine Gelinggarantie für den Siegertypen: **Anis-Limetten-Rub** und dann ab in den Ofen!

ZUTAT NO. 10

LACHSFILET

LACHS IN MISO-FOND
MIT PILZEN

FÜR 2 PERSONEN ZUBEREITUNG: 20 MIN. PRO PORTION CA. 530 KCAL

2 ½ EL Misopaste
700 ml Fischfond
1 Limette
1 Stängel Zitronengras
1 kleine rote Chilischote
1 Stück Ingwer (3 cm lang)
400 g Lachsfilet (ohne Haut)
1 großer Pak Choi (125 g)
2 Frühlingszwiebeln
100 g Shimeji (Pilze; ersatzweise Enoki)
1 TL Sesamöl
Salz

1 Misopaste und Fischfond in einem Topf vermischen und langsam erwärmen. Die Limette auspressen. Die harten Außenblätter vom Zitronengras entfernen und den Stängel weichklopfen.

2 Die Chili waschen und putzen. Mit einem spitzen Messer die Kerne und Trennwände entfernen, Chili in dünne Ringe schneiden. Den Ingwer schälen, fein reiben und mit Zitronengras und Chili in den Miso-Fond geben. Den Fond aufkochen.

3 Die Hitze reduzieren. Das Lachsfilet waschen und trocken tupfen. In 2 cm breite Stücke schneiden und bei kleiner Hitze im simmernden Fond 3 Min. ziehen lassen. Inzwischen Pak Choi und Frühlingszwiebeln putzen und waschen. Den grünen Teil des Pak Choi und das Zwiebelgrün klein schneiden und beiseitestellen.

4 Den übrigen Pak Choi und die weißen Teile der Frühlingszwiebeln klein schneiden, in den Topf geben und 2 Min. mitgaren. Inzwischen die Pilze putzen, voneinander trennen und mit dem Sesamöl und Gemüsegrün hinzufügen. Alles 1 weitere Min. ziehen lassen. Den Miso-Fond mit Salz abschmecken und servieren.

LACHSFILET
MIT TERIYAKI-GEMÜSE

FÜR 2 PERSONEN   ZUBEREITUNG: 40 MIN.   PRO PORTION CA. 625 KCAL

1 Knoblauchzehe
1 Stück Ingwer (1 cm lang)
4 EL Sojasauce
1 EL Reisessig
2 EL Zitronensaft
1 ½ EL Honig
2 TL geröstetes Sesamöl
1 TL Speisestärke
Salz
200 g Möhren
1 rote Zwiebel
1 Zucchino (200 g)
150 g Zuckerschoten
2 Stücke Lachsfilet (mit Haut, à 150 g; Haut vom Fischhändler schuppen lassen)
2 EL Öl
1 EL gerösteter Sesam

1 Für die Teriyaki-Sauce Knoblauch und Ingwer schälen und in grobe Würfel schneiden. Die Würfel mit Sojasauce, Reisessig, 1 EL Zitronensaft, Honig, Sesamöl, Speisestärke und 4 EL Wasser fein pürieren. Die Teriyaki-Sauce mit Salz würzen.

2 Die Möhren putzen und schälen, die Zwiebel schälen und den Zucchino waschen. Alles in feine Streifen schneiden. Zuckerschoten waschen. Die Lachsstücke waschen und trocken tupfen. Mit etwas Zitronensaft beträufeln und mit Salz würzen.

3 Das Öl in einer sehr großen Pfanne erhitzen. Die Lachsfilets mit der Hautseite nach unten auf eine Seite der Pfanne legen und bei großer Hitze anbraten. Im Rest der Pfanne das Gemüse 4 Min. pfannenrühren. Dann die Temperatur reduzieren und die Sauce zum Gemüse geben. Die Lachsstücke wenden und die Sauce danach kurz unter Rühren leicht dicklich einkochen lassen.

4 Das Gemüse mit Salz und Zitronensaft abschmecken. Den Fisch wieder wenden, mit etwas Salz würzen und mit etwas Sauce glasieren. Mit dem Sesam bestreuen. Fisch und Gemüse in der Pfanne servieren oder auf zwei Tellern anrichten.

ZUTAT NO. 10

LACHSFILET

ANIS-LIMETTEN-LACHS
MIT GEMÜSE UND MATCHA-DRESSING

FÜR 2 PERSONEN   ZUBEREITUNG: 25 MIN.   PRO PORTION CA. 525 KCAL

300 g kleine Petersilienwurzeln
2 EL Öl
2 Stücke Lachsfilet (ohne Haut; à 150 g)
1 Bio-Limette
1 ½ TL Anispulver
Salz
50 g Schmand
1 TL flüssiger Honig
½ TL Matcha-Tee-Pulver
Pfeffer (am besten weißer)

1 Den Backofen auf 230° vorheizen. Die Petersilienwurzeln gründlich waschen, putzen, falls nötig schälen und quer halbieren. Dickere Enden zusätzlich längs halbieren. Wurzelstücke auf einem mit Backpapier ausgelegten Backblech verteilen, mit dem Öl beträufeln und vermischen, dann 10 Min. im Ofen (Mitte) backen.

2 Inzwischen die Lachsfiletstücke waschen und trocken tupfen. Die Limette heiß waschen, die Schale abreiben, den Saft aus ½ Limette auspressen. Das Anispulver mit ½ TL Salz und der Limettenschale vermischen. Die Lachsstücke damit ringsherum einreiben und zu den Petersilienwurzeln geben. Alles weitere 4 Min. backen, sodass der Lachs innen glasig ist, aber nicht trocken wird.

3 Inzwischen Schmand, Limettensaft, Honig und Matcha zu einem Dressing verrühren und mit Salz und Pfeffer abschmecken.

4 Die Petersilienwurzeln und die Lachsstücke aus dem Ofen nehmen, das Gemüse mit Salz würzen. Lachs und Petersilienwurzeln nach Belieben auf dem Blech servieren oder auf Tellern anrichten, das Matcha-Dressing darüberklecksen.

WER ZIEHT DEN JACKPOT AN LAND?

Eine grandiose Kombination aus den unterschiedlichsten Geschmacksnerven-Attacken. Ein super Gericht – japanisch inspiriert! Einziger Nachteil bei Sandras **Lachs in Miso-Fond:** Man muss den Gästen »umami« erklären. Aber das ist dann euer Problem.

DIY macht den Unterschied: Natürlich könnte man die Teriyaki-Sauce für Martins **Lachsfilet mit Gemüse** auch im Supermarkt kaufen. So wie man sich auch schnell einen Song von Ed Sheeran in einer Karaoke-Bar anhören kann, statt ins Live-Konzert zu gehen. Doch nur mit dem Original wird's »perfect«.

Das nenn ich mal ein Power-Rezept! Sarahs **Anis-Limetten-Lachs mit Gemüse und Matcha-Dressing** ist das ideale Fischgericht für mich: superlecker und superschnell am Start! Ich bin doch immer so ungeduldig …

Kein Einheitsbrei: **LINSEN**

Bei uns schwimmt die Linse gerne in winterlich-deftigen Eintöpfen, in Italien werden die beliebten *Lenticchie* zu einer fantastischen Suppe verkocht, in Indien wandern sie in das traditionelle Linsen-Dal, einen dicken Linsenbrei mit den unterschiedlichsten Einlagen und Gewürzen. Ja, und wer jetzt denkt, die meisten Linsen der Welt kämen aus Indien, liegt knapp daneben. Das Anbaugebiet Nr. 1 ist Kanada: Die Farmer dort bauen drei Mal so viele Linsen an wie ihre indischen Kollegen. Wenn man mich übrigens nach meinem Lieblingslinsengericht fragt, dann gibt es nur eine Antwort: die Schokolinsen. Aber das bleibt unter uns.

Dal ist eine große Leidenschaft von mir, darum experimentiere ich viel und gerne damit. Mit dieser Crossover-Kreation aus der Pfanne rechne ich mir beste Chancen für eine Spitzenposition aus.

Was macht eine Wäscheklammer im Ofen? Abhängen! Oder das zimtwürzige **Linsen-Tomaten-Päckchen** zusammenhalten und dann den Weg freigeben für Käse und Tortilla-Chips. So werden ein vegetarischer Käse-Knusper-Traum und der 1. Platz Wirklichkeit.

Feine **Beluga-Linsen, Rotwein und deftige Würste** verschmelzen im Topf so wunderbar. Mit diesem Rezept schaff ich's auf jeden Fall aufs Treppchen.

ZUTAT NO. 11

LINSEN

TOMATEN-DAL

FÜR 2 PERSONEN ZUBEREITUNG: 50 MIN. ABTROPFZEIT: 24 STD. PRO PORTION CA. 500 KCAL

3 Tomaten
1 rote Zwiebel
1 Bund Koriandergrün
250 g Joghurt
2 EL Limettensaft
2 Msp. gemahlener Koriander
2 Msp. gemahlener Kreuzkümmel
Salz
4 getrocknete, in Öl eingelegte Tomaten
1 Knoblauchzehe
1 Stück Ingwer (1 cm lang)
1 grüne Chilischote
2 EL Öl
2 TL milde Currypaste
½ TL gemahlene Kurkuma
2 TL Rohrohrzucker
125 g rote Linsen

1 Für die Raïta-Nocken am Vortag 1 Tomate waschen und halbieren, den Stielansatz entfernen. Die Kerne herauslöffeln, die Tomatenhälften würfeln. Die Zwiebel vierteln. Ein Viertel schälen und fein würfeln, den Rest für den nächsten Tag aufbewahren. Das Koriandergrün waschen und trocken schütteln. Die Hälfte davon zugedeckt kühl stellen, restliches Koriandergrün grob hacken.

2 Den Joghurt mit Tomaten- und Zwiebelwürfeln, gehacktem Koriandergrün, 1 EL Limettensaft und je 1 Msp. gemahlenem Koriander und Kreuzkümmel verrühren und mit Salz würzen. Ein Sieb über eine Schüssel hängen und mit einem Küchentuch auslegen, die Joghurtmischung hineingeben, zudecken und mit einer Untertasse beschweren. Raïta im Kühlschrank 24 Std. abtropfen lassen.

3 Am nächsten Tag die übrigen Tomaten waschen und in kleine Würfel schneiden, dabei die Stielansätze entfernen. Die getrockneten Tomaten abtropfen lassen und fein würfeln. Übrige Zwiebel, Knoblauch und Ingwer schälen und fein würfeln. Die Chilischote waschen und putzen. Mit einem spitzen Messer die Kerne und Trennwände entfernen, Chili in dünne Ringe schneiden

4 Das Öl in einer Pfanne erhitzen, Zwiebel und Ingwer darin anbraten. Currypaste, Kurkuma und Zucker kurz mitbraten. Knoblauch, Chili, frische und getrocknete Tomaten dazugeben und 3 Min. mitbraten. Die Linsen hinzufügen und 450 ml Wasser angießen. Alles aufkochen und zugedeckt bei kleiner bis mittlerer Hitze 15 Min. köcheln lassen, dann noch 5 Min. offen köcheln lassen. Dal mit Salz und Limettensaft abschmecken und auf zwei Suppenschalen verteilen. Abgetropfte Raïta aus dem Kühlschrank nehmen. Von der Masse mit zwei Esslöffeln Nocken abstechen und diese auf dem Dal anrichten. Übriges Koriandergrün grob hacken und darüberstreuen. Restliche Raïta mit Fladenbrot dazu servieren.

TOMATENLINSEN MIT CHIPS

FÜR 2 PERSONEN ZUBEREITUNG: 40 MIN. PRO PORTION CA. 870 KCAL

1 Stück Ingwer (1 cm lang)
1 Dose stückige Tomaten (400 g)
Salz | 2 TL Honig
2 EL gemahlener Koriander
½ TL Zimt
1 EL Apfelessig
2 EL Olivenöl
100 g rote Linsen
200 g Mais (aus der Dose)
100 g Reibekäse (z. B. Edamer)
40 g Tortilla-Chips
8 Stängel Koriandergrün
8 Stängel Basilikum
100 g Crème fraîche

1 Den Backofen auf 220° vorheizen. Ingwer schälen, hacken und mit den Tomaten in einer Schüssel mit 1 TL Salz, Honig, Koriander, Zimt, Essig und Öl vermengen. Die Hälfte der Tomatensauce mittig auf ein mit Backpapier belegtes Blech geben. Die vier Ecken des Backpapiers jeweils etwas anheben und wie bei einem Bonbon verzwirbeln, sodass eine Schale entsteht. Die Linsen auf die Sauce geben und mit übriger Sauce bedecken. Mais darübergeben und das Backpapier oben locker verschließen, am besten mit zwei Holzwäscheklammern. Alles im Ofen (Mitte) 15 Min. backen.

2 Dann die Klammern entfernen, den Käse über die Tomatenlinsen streuen, die Chips hineinstecken. Alles weitere 15 Min. backen. Inzwischen Koriander und Basilikum waschen, trocken schütteln und hacken. Zum Servieren die überbackenen Linsen mit den Kräutern bestreuen. Die Crème fraîche dazu reichen.

ZUTAT NO. 11

LINSEN

BELUGA-LINSEN IN ROTWEIN

FÜR 2 PERSONEN ZUBEREITUNG: 1 STD. PRO PORTION CA. 880 KCAL

1 Zwiebel
1 Knoblauchzehe
1 große gelbe Paprika (ca. 240 g)
1 TL Olivenöl
3 Bratwürste (ca. 330 g)
200 g Beluga-Linsen
150 ml Rotwein
4 Zweige Thymian
1 kleiner Zweig Rosmarin
1 Lorbeerblatt
400 g Gemüsebrühe
Pfeffer
Salz (nach Belieben)

1 Zwiebel und Knoblauch schälen und in feine Würfel schneiden. Die Paprika waschen, halbieren, weiße Trennwände und Kerne entfernen, die Hälften in kleine Stücke schneiden.

2 Das Öl in einem weiten Topf erhitzen. Die Bratwürste auf der einen Seite des Topfs anbraten, gleichzeitig Zwiebeln, Knoblauch und Paprika auf der anderen Seite anbraten, dabei die Würste wenden, bis sie rundherum gebräunt sind, das Gemüse umrühren.

3 Die Linsen hinzufügen und alles mischen. Den Rotwein dazugießen und aufkochen. Die Kräuter waschen, trocken schütteln und mit Lorbeer und Gemüsebrühe in den Topf geben. Alles bei mittlerer Hitze 35 Min. mit schräg aufgelegtem Deckel köcheln lassen, dann mit Pfeffer und, falls nötig, mit Salz abschmecken. Lorbeerblatt und Kräuter nach Belieben vor dem Servieren entfernen.

WO KOMMEN DIE MINIS GANZ GROSS RAUS?

Kann man sich in ein Linsengericht verlieben? Die Antwort ist JA! Martins **Tomaten-Dal** strotzt vor Geschmack und orientalischer Leidenschaft. Gipfel der Gefühle sind die Raïta-Nocken. Ganz großer Mmmmhhh-Faktor!

Für mich der ultimative Snack für Naschkatzen und verwöhnte Partylöwen. Wer Sarahs **Tomaten-Linsen mit Chips** einmal probiert, der kann die Finger nicht mehr davon lassen.

Sandras **Beluga-Linsen in Rotwein** sind für mich eine echte Offenbarung. Und für mich gibt es auch noch eine Extra-Wurst! Deshalb Top bei den Linsen-One-Pots!

Pasta oder eben

NUDELN

Mit über 600 verschiedenen Sorten sind die Italiener wahrscheinlich auf ewig Nudel-Weltmeister. Und darauf sind sie stolz, weswegen es nicht verwundert, dass jeder Italiener im Schnitt pro Jahr ca. 30 kg Nudeln verdrückt. Aber italienisch ist die Nudel deshalb noch lange nicht. Nein, da waren die Chinesen 3.500 Jahre früher dran. Aber Mitte des 19.Jahrhunderts legten die Jungs vom Stiefel nudeltechnisch so richtig los und bauten in Genua die erste vollautomatische Nudelfabrik der Welt. Damit war der Siegeszug dieser beliebten Teigware nicht mehr aufzuhalten. Aber nicht nur die Nudel ist wichtig, sondern auch, was sie umschmeichelt. Alte Jumbo-Weisheit: Mit Sugo oder Sauce ist es bei den Nudeln wie in der Liebe: Man sieht schnell, wer zusammenpasst.

Jeder sucht das einfachste Gericht der Welt. Hier ist es: **Tortelloni** + 5 Zutaten + Ofen = fertig! Dafür bitte einmal Platz 1.

One-Pot-Pasta für große Genießer – mit cremiger Sauce, Speck und viel herzhaftem Cheddar-Käse. Ein Traum, mit dem ich sicher bei Jumbo punkte!

Nudeln gelingen auch in der Pfanne perfekt! Und wenn sie bei italienischer **Frittata** mit Rucola, getrockneten Tomaten und Provolone mitmischen? Dann können Topf & Blech gleich ganz einpacken!

ZUTAT NO. 12

NUDELN

TORTELLONI MIT CHORIZO UND MANGO-TOMATENSAUCE

FÜR 2 PERSONEN ZUBEREITUNG: 25 MIN. PRO PORTION CA. 520 KCAL

½ kleine Mango (ca. 100 g Fruchtfleisch)
100 g scharfe Chorizo
500 g passierte Tomaten
Salz
250 g frische Tortelloni (Kühlregal)
5 Stängel Basilikum

1 Den Backofen auf 200° vorheizen. Die Mangohälfte schälen, das Fruchtfleisch würfeln. Die Chorizo in Scheibchen schneiden.

2 Ein Backblech mit einem Backpapier auslegen. Die vier Ecken des Backpapiers jeweils etwas anheben und wie bei einem Bonbon verzwirbeln, sodass eine Schale entsteht. Die passierten Tomaten in die Schale geben und salzen. Die Tortelloni so darin verteilen und untermischen, dass sie möglichst vollständig von der Tomatensauce umhüllt sind. Die Mangowürfel ebenfalls in die Tomatensauce und über die Tortelloni geben. Zum Schluss die Chorizo-Scheibchen über die Nudeln legen.

3 Das Blech in den Ofen (Mitte) geben und die Tortelloni in der Sauce 15 Min. backen. In der Zwischenzeit das Basilikum waschen, trocken schütteln und in Streifen schneiden. Die Tortelloni nach der Backzeit mit dem Basilikum bestreuen und servieren.

ZUTAT NO. 12

NUDELN

MAC'N'CHEESE

FÜR 2 PERSONEN ZUBEREITUNG: 25 MIN. PRO PORTION CA. 980 KCAL

80 g durchwachsener Räucherspeck
1 EL Olivenöl
1 Knoblauchzehe
30 g Butter
2 ½ EL Mehl
270 ml Milch
170 g Makkaroni (am besten mit 6–7 Min. Kochzeit)
120 g Cheddar
30 g Parmesan
Salz
Pfeffer
½ Bund Schnittlauch

1 Den Speck in dünne Streifen schneiden. Das Olivenöl in einem Topf erhitzen und den Speck bei mittlerer bis großer Hitze darin knusprig braten. Den Knoblauch schälen und in dünne Scheiben schneiden. In den Topf geben und 1 Min. mit anbraten.

2 Die Butter und das Mehl in den Topf geben und kurz mit einem Holzlöffel verrühren. 170 ml Milch dazugießen und mit dem Holzlöffel unterrühren. Dann die übrige Milch und 400 ml Wasser hinzufügen und alles zum Kochen bringen.

3 Die Makkaroni in den Topf geben geben und die Temperatur auf kleine bis mittlere Hitze reduzieren. Die Nudeln nach Packungsangabe offen bissfest kochen und dabei regelmäßig umrühren. Wird die Sauce zu dick, ein wenig mehr Wasser hinzufügen.

4 Den Topf vom Herd nehmen. Cheddar und Parmesan reiben und in den Topf geben. Alles umrühren und mit Salz und Pfeffer abschmecken. Den Schnittlauch waschen, trocken schütteln, in Röllchen schneiden und unter die Makkaroni mischen.

FRITTATA MIT RUCOLA UND TAGLIATELLE

FÜR 2 PERSONEN ZUBEREITUNG: 25 MIN. PRO PORTION CA. 815 KCAL

50 g getrocknete, in Öl eingelegte Tomaten
100 g Kochschinken (in Scheiben)
1 milde rote Chilischote
1 Knoblauchzehe
20 g kalte Butter
50 g italienischer Schnittkäse (z. B. Provolone)
2 Eier (L)
100 g Sahne
Salz
Pfeffer
250 g frische Tagliatelle (aus dem Kühlregal oder Nudelreste vom Vortag)
2 EL Öl
1 Handvoll Rucola
1 EL Crema di balsamico (nach Belieben)

1 Die Tomaten abtropfen lassen und in Streifen schneiden. Den Schinken ebenfalls in Streifen schneiden. Die Chili waschen und putzen. Mit einem spitzen Messer die Kerne und Trennwände entfernen, Chili in dünne Ringe schneiden. Den Knoblauch schälen und ebenso wie die Butter fein würfeln. Den Käse reiben. Alle vorbereiteten Zutaten mit den Eiern und der Sahne mischen, mit Salz und Pfeffer würzen und beiseitestellen.

2 200 ml Wasser in einer beschichteten Pfanne erhitzen. Die Nudeln darin zugedeckt 2 Min. vorgaren. Dann in ein Sieb abgießen und abtropfen lassen. (Bei Nudelresten vom Vortag kein Vorgaren nötig!) Die Pfanne säubern und 1 EL Öl darin erhitzen.

3 Die vorgegarten Nudeln unter die Eier-Käse-Mischung heben. Die Frittatamasse gleichmäßig in der Pfanne verteilen und leicht andrücken. Bei kleiner bis mittlerer Hitze 7 Min. backen, bis die Unterseite schön gebräunt ist. Dann mit Hilfe eines Tellers wenden, noch 1 EL Öl in die Pfanne geben, die Frittata vom Teller in die Pfanne gleiten lassen und in 6–7 Min. fertig backen.

4 Inzwischen Rucola waschen und trocken schleudern, die groben Stiele abschneiden. Die fertige Frittata auf einen großen Teller gleiten lassen. Mit Rucola garnieren, nach Belieben noch mit Crema di balsamico beträufeln und servieren.

WELCHE NUDEL SCHAFFT'S AUFS TREPPCHEN?

Für mich als Pasta-Liebhaber und Spanien-Fan sind Sarahs **Tortelloni mit Chorizo** der Beweis einer herrlich köstlichen Freundschaft – Genuss ohne Grenzen. Besonderer Clou ist die fruchtige Mango, die der scharfen Wurst gekonnt die Stirn bietet.

M&C – das wohl bekannteste amerikanische Nudelgericht: im Original quasi ein »Oldtimer«, in Sandras »getunter« Version voll auf der Überholspur. Für mich ein Geschmacksturbo – bitte anschnallen!

Von wegen einfacher Eierkuchen! Rucola, getrocknete Tomaten und kräftiger Provolone holen dieses ursprüngliche »Arme Leute Essen« in die Oberliga der Eierspeisen. Und Martins **Pfannen-Frittata** landet definitiv auf meiner »To-cook-Liste«!

Achtung, Klugscheißerwissen!

PAPRIKA

Aus biologischer Sicht ist die Paprikaschote eine Beere. Genauer gesagt eine Trockenbeere. Sie ist also eher Frucht als Gemüse. Was zumindest fachlich gesprochen viel Interpretationsraum öffnet, falls jemand bei euch das nächste Mal einen Fruchtsalat bestellt … Aber natürlich ist und wird die Paprika bei uns immer beim Gemüse zu finden sein. Und im Gewürzregal, denn ohne Paprikaschote auch kein Paprikapulver, Cayennepfeffer oder Tabasco. Apropos: Das für mich coolste Einsatzgebiet für Paprika ist der Cocktail *Bloody Carioca*, die tabascowürzige Antwort aus New York auf die brasilianische *Caipirinha*.

Ihr könnt einpacken! Denn jeder liebt **Flammkuchen**, und dieser hier hat noch den kleinen Kaffeekick eingebaut. Der harmoniert perfekt mit Paprika und Hähnchen. Den Sieg habe ich sicher.

Jetzt mal ehrlich: **Knuspriges Brot aus der Pfanne** und formschöne, von Paprika umrahmte Spiegeleier sind doch der einzig wahre Snack für Champions!

Ein edles **Paprika-Süppchen** köchelt da in meinem Topf. Mehr wird noch nicht verraten. Nur, dass es Gewinnerqualitäten hat. Ich glaube nicht, dass die anderen was Schöneres zaubern.

PAPRIKA-FLAMMKUCHEN
MIT MARINIERTEM HÄHNCHEN

FÜR 2 PERSONEN ZUBEREITUNG: 30 MIN. PRO PORTION CA. 990 KCAL

1 kleine Knoblauchzehe
½ TL Kaffeebohnen
1 Prise Zucker
1 TL edelsüßes Paprikapulver
2 EL Olivenöl
200 g Hähnchenbrustfilet
1 große rote Paprika (ca. 300 g)
1 fertig ausgerollter, runder Quiche- und Tarteteig (300 g; Kühlregal)
100 g Schmand
6 Stängel Oregano
Salz
Pfeffer

1 Den Backofen auf 220° vorheizen. Ein Backblech mit Backpapier auslegen. Den Knoblauch schälen und fein hacken. Kaffeebohnen mit Zucker und Paprikapulver in einen Mörser geben und fein zerdrücken und mahlen. Dann das Olivenöl und den Knoblauch dazugeben und alles zu einer Marinade verrühren.

2 Das Hähnchenfleisch von beiden Seiten mit der Marinade einreiben. Im Ofen (Mitte) 6–8 Min. backen, dann mit dem Backpapier aus dem Ofen nehmen, darin einschlagen und kurz ruhen lassen. Inzwischen die Paprika waschen, halbieren, weiße Trennwände und Kerne entfernen, die Hälften in dünne Streifen schneiden.

3 Den Teig entrollen und mit dem Papier auf das Backblech legen. Den Teig mit dem Schmand bestreichen, mit den Paprikastreifen belegen und 12–15 Min. (s. auch Packungsangabe) im Ofen (Mitte) backen. In der Zwischenzeit den Oregano waschen und trocken schütteln, die Blättchen abzupfen. Das Hähnchenfleisch salzen, pfeffern und in Streifen schneiden.

4 Den Flammkuchen aus dem Ofen nehmen, ebenfalls salzen und pfeffern, mit den Hähnchenstreifen belegen und mit Oregano bestreuen. Den Flammkuchen sofort servieren.

JUMBO MEINT:

Flammkuchen mit Koffeinkick! Da hat sich Sarah eine raffinierte Version des Elsässer Klassikers einfallen lassen. Ein Partykracher! Wer redet da noch von Pizza?

ZUTAT NO. 13

PAPRIKA

RÖSTBROT MIT PAPRIKA-SPIEGELEI

FÜR 2 PERSONEN ZUBEREITUNG: 20 MIN. PRO PORTION CA. 560 KCAL

1 rote Paprika
1 Handvoll Baby-Blattspinat
1 EL Butter
4 Eier (M)
2 Scheiben Landbrot
40 g Frischkäse (mit Joghurt)
2 TL Dijon-Senf
2 Scheiben Bergkäse
2 EL Speckwürfel
2 EL Pinienkerne
Salz
Pfeffer

1 Von der Paprika zunächst die Unterseite großzügig abschneiden. Dann aus dem Rest vier ½–1 cm breite Ringe ausschneiden, diese entkernen und waschen. Die übriggebliebene Oberseite sowie die Unterseite der Paprika für ein anderes Gericht verwenden. Den Spinat waschen und trocken schleudern.

2 Die Röstbrote nacheinander in einer Pfanne zubereiten. Für das erste Brot zunächst die Hälfte der Butter in der Pfanne erhitzen, zwei Paprikaringe darin von einer Seite anbraten, bis sie leicht gebräunt sind. Dann wenden und vorsichtig 2 Eier in die Mitte der Paprikaringe aufschlagen. 1 Scheibe Brot danebenlegen und alles mit schräg aufgelegtem Deckel ca. 3 Min. braten.

3 Dann das Brot wenden, in der Pfanne mit Frischkäse und Senf bestreichen und mit 1 Scheibe Käse und der Hälfte des Spinats belegen. Die Hälfte des Specks daneben anbraten und wieder für 2–3 Min. den Deckel schräg auf die Pfanne legen, dabei nach 1 Min. die Hälfte der Pinienkerne zum Speck geben.

4 Das Brot auf einen Teller legen, Speck, Pinienkerne und Eier eventuell noch kurz weiterbraten, bis der Speck und die Pinienkerne leicht gebräunt und die Eier knapp gar sind. Paprika-Spiegeleier leicht überlappend auf das Brot legen und mit Salz und Pfeffer würzen. Speck und Pinienkerne darüberstreuen. Die Pfanne säubern und das zweite Brot genauso zubereiten.

JUMBO MEINT:

Das Frühstücksbrot, das süchtig macht! Und plötzlich will man Martins perfektes **Röstbrot mit Paprika-Spiegelei** auch mittags und abends und um Mitternacht. Für mich das geniale 24-Stunden-Leckerli!

JUMBO MEINT:
Sandras orange-leuchtende **Paprikasuppe** hat Muntermacher-Qualität. Da geht im Teller die Sonne auf, wenn es draußen ungemütlich ist und keiner freiwillig vor die Tür will: Stimmungsaufheller aus der Küche.

PAPRIKASUPPE
MIT RICOTTA-BÄLLCHEN

FÜR 2 PERSONEN ZUBEREITUNG: 1 STD. PRO PORTION CA. 670 KCAL

2 rote Paprika
2 gelbe Paprika
3 EL Olivenöl
Salz
1 große Zwiebel
2 Knoblauchzehen
2 Stangen Staudensellerie
2 Kartoffeln
500 ml Gemüsebrühe
Pfeffer
1 TL edelsüßes Paprikapulver

Für die Ricotta-Bällchen:
50 g Mehl
30 g zarte Haferflocken
Salz
½ TL Backpulver
40 g Butter
3 Stängel Petersilie
10 g Parmesan
100 g Ricotta
Pfeffer

1 Die Paprika waschen, halbieren, weiße Trennwände und Kerne entfernen, die Hälften in Würfel schneiden. Das Öl in einem Topf erhitzen. Die Paprikastücke mit 1 TL Salz hineingeben und 15 Min. bei großer Hitze anbraten, bis sie rundum gebräunt sind.

2 Inzwischen Zwiebel und Knoblauch schälen und würfeln. Die Selleriestangen waschen und in dünne Scheiben schneiden. Wenn die Paprikastücke nach 15 Min. schön gebräunt sind, die Hitze reduzieren und Zwiebel, Knoblauch und Sellerie in den Topf geben. Alles 5–10 Min. weitergaren, bis der Sellerie weich ist.

3 Inzwischen die Kartoffeln schälen, würfeln und mit der Brühe in den Topf geben. Brühe aufkochen, dann alles zugedeckt bei kleiner Hitze 15 Min. köcheln lassen. Die Suppe fein pürieren, mit Salz, Pfeffer und Paprikapulver abschmecken und beiseitestellen.

4 Mehl, Haferflocken, 1 Prise Salz und das Backpulver in einer Schüssel vermischen. Die Butter dazugeben und mit den Fingerspitzen mit den übrigen Zutaten verreiben. Petersilie waschen, trocken schütteln und fein hacken. Den Parmesan reiben und beides mit Ricotta und 2 EL kaltem Wasser hinzufügen. Alles zu einem glatten Teig vermengen und mit Salz und Pfeffer abschmecken.

5 Die Paprikasuppe erneut zum Kochen bringen. Mit einem Esslöffel Bällchen aus dem Ricottateig formen und diese in die Suppe geben. Die Suppe mit den Ricotta-Bällchen zugedeckt 15 Min. bei kleiner Hitze köcheln lassen, dann servieren.

In voller Bandbreite:

PILZE

Der Champion in der Supermarkt-League: zweifellos der Champignon! Den exklusivsten aller Pilze bekommt man dagegen fast nie zu sehen: Zum einen »versteckt« er sich im Wald 20–30 cm unter der Erde. Zum anderen sind Trüffel rar und deshalb entsprechend teuer: 1 Kilo Alba-Trüffel wechselte auf einer Auktion mal für rund 9.000 € den Besitzer. Der giftigste in unseren Gefilden ist wohl der grüne Knollenblätterpilz. Leicht zu verwechseln mit unbedenklichen Pilzen, ist dieser Fungus tödlich. Wem das alles jetzt zu gewöhnlich, exklusiv oder gefährlich ist, der sollte es mal mit dem »Pils« versuchen. Kühl und frisch gezapft, ist dieses Bier ein ideales Getränk zu jedem Pilzgericht und toxikologisch völlig unbedenklich.

Meine Geheimwaffe: Pilze, Topf und Vino tinto! Da binde ich mir gleich mal die Sieger-Schürze um. Mit meinem **Pilz Bourguignon** lande ich garantiert ganz oben auf dem Treppchen.

Hierzu muss ich nicht viel sagen. Mein **Pilzstrudel mit Cranberrys und Laugenbrezel** ist ein knusprig-saftiger Backofentraum. Schade, Sandra und Martin, aber da habt ihr keine Chance!

Inspiriert durch bretonische Galettes habe ich die heimatlichen **Eierkuchen mit Pilzen und Schinken** gefüllt und mit würzigem Ziegenkäse getoppt – mein heißer Favorit!

ZUTAT NO. 14

PILZE

PILZ BOURGUIGNON

FÜR 2 PERSONEN ZUBEREITUNG: 15 MIN. GARZEIT: 25 MIN. PRO PORTION CA. 320 KCAL

550 g gemischte Pilze (z. B. Shiitake, Austernpilze, Portobello)
100 g kleine Zwiebeln
2 Knoblauchzehen
1 kleine Möhre
1 EL Butter
1 EL Olivenöl
8 Zweige Thymian
1 EL Mehl
100 ml Rotwein
1 EL Ketchup
Salz
Pfeffer
250 ml Gemüsebrühe

1 Die Pilze putzen, bei Bedarf mit einem Tuch abreiben und klein schneiden. Zwiebeln und Knoblauch schälen. Die Zwiebeln je nach Größe halbieren oder vierteln, die Knoblauchzehen fein würfeln. Die Möhre putzen, schälen und grob raspeln.

2 Butter und Olivenöl in einem großen Topf erhitzen und die vorbereiteten Zutaten hineingeben. Alles bei mittlerer Hitze unter Rühren anschwitzen, bis die Pilze leicht gebräunt sind. Den Thymian waschen und trocken schütteln. Die Blättchen abstreifen und mit in den Topf zu der Pilzmischung geben.

3 Das Mehl einstreuen und untermischen. Den Rotwein angießen und kurz aufkochen. Die Hitze reduzieren, den Ketchup hinzufügen und alles mit Salz und Pfeffer würzen. Die Gemüsebrühe dazugeben und alles offen 25 Min. bei mittlerer Hitze köcheln lassen. Zum Schluss das Pilz Bourguignon nochmals mit Salz und Pfeffer abschmecken und servieren, z. B. mit Baguette.

ZUTAT NO. 14

PILZE

PILZSTRUDEL MIT CRANBERRYS

FÜR 2 PERSONEN   ZUBEREITUNG: 20 MIN.   BACKZEIT: 30 MIN.   PRO PORTION CA. 880 KCAL

5 g getrocknete Steinpilze
200 g Champignons
1 kleine Zwiebel
8 Zweige Thymian
15 g getrocknete Cranberrys
1 frische Laugenbrezel (100 g)
100 g saure Sahne
frisch geriebene Muskatnuss
Salz
Pfeffer
1 fertig ausgerollter rechteckiger Blätterteig (275 g; Kühlregal)
1 Eigelb (M)

1 Den Backofen auf 200° vorheizen. 100 ml Wasser im Wasserkocher aufkochen. Die Steinpilze in ein Schälchen geben und mit dem kochenden Wasser übergießen. Die Champignons putzen, bei Bedarf mit einem Tuch abreiben und klein würfeln.

2 Die Zwiebel schälen und fein hacken. Den Thymian waschen und trocken schütteln. Die Blättchen abstreifen. Die Cranberrys klein hacken. Die Laugenbrezel in kleine Stücke schneiden. Die eingeweichten Steinpilze aus dem Wasser nehmen und ebenfalls klein hacken. Etwas Einweichwasser von den Pilzen aufheben

3 Gehackte Steinpilze und Champignons mit gehackter Zwiebel, Thymianblättchen, Cranberrys, Brezelstücken und saurer Sahne in eine Schüssel geben und alles vermengen. 5 Prisen Muskat dazugeben, alles kräftig salzen, pfeffern und gründlich vermengen.

4 Den Blätterteig auf ein mit Backpapier ausgelegtes Backblech legen. Die Pilz-Cranberry-Mischung auf der unteren Längsseite gleichmäßig verteilen, dabei rechts und links einen kleinen Rand lassen. Die rechte und linke (jeweils kurze) Seite ca. 5 cm über die Füllung nach innen schlagen. Dann den Teig von der unteren Längsseite her straff aufrollen. Den Strudel mit der Naht nach unten auf die Mitte des Backpapiers platzieren.

5 Das Eigelb mit 1 TL Pilzsud vermengen, die Rolle damit einstreichen. Den Strudel im Ofen (Mitte) 30 Min. (s. auch Packungsangabe) backen. Dazu passt ein gemischter Blattsalat.

ZUTAT NO. 14

PILZE

EIERKUCHEN
MIT PILZEN UND SCHINKEN

FÜR 2 PERSONEN ZUBEREITUNG: 30 MIN. PRO PORTION CA. 660 KCAL

100 g Weizenmehl (Type 550)
1 TL Backpulver
150 ml Milch
3 Eier (L)
50 ml Mineralwasser mit Kohlensäure
1 TL edelsüßes Paprikapulver
Salz
250 g Champignons
1 rote Zwiebel
50 g Baby-Blattspinat
1 kleines Bund Schnittlauch
2 EL Öl
125 g rohe Schinkenwürfel
Pfeffer
60 g Ziegenkäserolle

1 Für den Teig das Weizenmehl mit dem Backpulver mischen und dann mit der Milch verrühren. Die Eier unterrühren. Zuletzt das Mineralwasser und das Paprikapulver unterrühren. Den Teig mit etwas Salz würzen und 10 Min. quellen lassen.

2 Inzwischen die Pilze putzen, bei Bedarf mit einem Tuch abreiben und klein schneiden. Die Zwiebel schälen und grob würfeln. Den Spinat waschen und trocken schleudern. Den Schnittlauch waschen, trocken schütteln und in feine Röllchen schneiden.

3 1 EL Öl in einer beschichteten Pfanne erhitzen. Pilze, Zwiebel- und Schinkenwürfel darin rundherum anbraten, bis sie ganz leicht gebräunt sind. Alles mit Pfeffer würzen. Ein Viertel der Masse in ein Schälchen umfüllen und beiseitestellen.

4 Den Spinat in die Pfanne dazugeben und unter Rühren zusammenfallen lassen. Den Pfanneninhalt gleichmäßig verteilen, gequollenen Eierteig darübergießen und durch Schwenken ebenfalls gleichmäßig in der Pfanne verteilen. Alles zugedeckt bei kleiner bis mittlerer Hitze 6–7 Min. backen, bis der Teig an der Oberfläche gestockt und die Unterseite leicht gebräunt ist.

5 Den Eierkuchen mit Hilfe eines Tellers wenden, restliches Öl in der Pfanne erhitzen und den Eierkuchen hineingleiten lassen. Den Ziegenkäse in Scheiben schneiden und auf der Oberfläche verteilen. Die beiseitegestellte Pilz-Schinken-Mischung ebenfalls darauf verteilen. Alles zugedeckt bei kleiner Hitze etwa 5 Min. garen, bis der Käse leicht geschmolzen und die Unterseite des Eierkuchens leicht gebräunt ist. Den Eierkuchen auf einen großen Teller gleiten lassen, mit dem Schnittlauch garnieren und servieren.

DER PILZ-POKAL GEHT AN …

Ein deftiger Eintopf, bei dem ich Fleisch nicht vermisse – Veggie-Hero! Mein Tipp: Für Sandras **Pilz Bourguignon** braucht ihr zwar nur ein Schlückchen Rotwein, doch kann es nicht schaden, sich dafür eine gute Flasche Burgunder zu holen. Ihr wisst mit dem Rest bestimmt was anzufangen.

Originell kombiniert: Steinpilze, Champignons, Cranberrys und Laugenbrezel harmonieren in Sarahs **Pilzstrudel** ideal. Das perfekte Wintergericht, das aber auch im Sommer schmeckt. Kann einfach in jeder Saison die Hauptrolle spielen.

Statt »Friede, Freude, Eierkuchen!« heißt es hier »Pilze, Freunde, **Eierkuchen**«! Denn Freunde macht ihr euch mit Martins Tuning-Version des Klassikers auf alle Fälle! Mein Champion!

Heiß auf

REIS

Was das Brot bei uns, ist der Reis in Asien, kann man sagen. Dort wurde er schon ca. 7.000 Jahre v. Chr. angebaut, wie Archäologen herausgefunden haben. Am Yangtze-Fluss in China war das. Bis das kleine Korn es von da nach Europa schaffte, hat es allerdings gedauert: Seit dem 10. Jahrhundert erst wird Reis in Spanien und noch mal 500 Jahre später in Italien kultiviert. Als eine der ältesten und weitest verbreiteten Nutzpflanzen überhaupt kriegt der Reis von mir auf jeden Fall schon mal eine Ehrenmedaille. Also, liebes Kochtrio, haltet euch ran: Diese Zutat verlangt nach exzellenten Rezepten!

Die gute alte **Paella** kann einen Reboot gut vertragen. Darum kriegt die Chorizo bei mir ganz unspanisch Besuch von grünem Spargel und säuerlich-herben Goji-Beeren. Superfood!

Mmhh … mal was Süßes! Da sind die anderen bestimmt nicht drauf gekommen. Und mit Kardamom- und Kokos-Kick ist mein **Reis im Topf** einfach unschlagbar. Da schmilzt Jumbo bestimmt dahin.

Wer hat schon mal **Reis im Ofen** gemacht? Allein für diese Pionierarbeit müsste ich den ersten Platz belegen. Und die Kokos-Curry-Aromen mit buntem Gemüse liefern zusätzlich überzeugende Argumente.

ZUTAT NO. 15

REIS

PAELLA
MIT CHORIZO, SPARGEL UND GOJI-BEEREN

FÜR 2 PERSONEN   ZUBEREITUNG: 30 MIN.   PRO PORTION CA. 710 KCAL

1 Zwiebel
1 Knoblauchzehe
1 rote Spitzpaprika
250 g grüner Spargel
1 Zweig Rosmarin
150 g Chorizo
450 ml Gemüsebrühe
1 Döschen Safranfäden (0,1 g)
1 Msp. gemahlene Kurkuma
2 EL Olivenöl
½ TL geräuchertes Paprikapulver (z. B. spanisches Pimentón dulce)
125 g Paella-Reis (ersatzweise Risotto-Reis)
50 ml trockener Weißwein
2 EL Goji-Beeren (ersatzweise Cranberrys oder getrocknete Kirschen)
½ Bio-Zitrone
2 Stängel Petersilie
Salz
Pfeffer

1 Zwiebel und Knoblauch schälen und in feine Würfel schneiden. Die Spitzpaprika waschen, halbieren, weiße Trennwände und Kerne entfernen, die Hälften klein schneiden. Den Spargel waschen, putzen, im unteren Drittel schälen und in 4–5 cm lange Stücke schneiden. Den Rosmarin waschen und trocken schütteln. Chorizo enthäuten und in dicke Scheiben schneiden. Die Brühe erhitzen, dann 400 ml davon mit Safran und Kurkuma verrühren.

2 Das Öl in einer Pfanne erhitzen, Zwiebelwürfel, Chorizo und Paprika darin anbraten, bis die Zwiebeln glasig und leicht gebräunt sind. Knoblauch und Rosmarin dazugeben und kurz mitdünsten. Alles mit 1 Msp. geräuchertem Paprikapulver würzen.

3 Den Reis gleichmäßig in die Pfanne streuen. Mit dem Wein ablöschen und diesen fast vollständig verkochen lassen. Die Safran-Brühe angießen und zum Kochen bringen. Alles bei kleiner Hitze 5 Min. offen köcheln lassen. Den Spargel und die Goji-Beeren auf dem Reis verteilen, dann alles 10 Min. zugedeckt köcheln lassen. Den Deckel abnehmen und alles offen weitere 5 Min. garen, dabei, falls nötig, die restliche Gemüsebrühe angießen.

4 Inzwischen die Zitronenhälfte heiß waschen, abtrocknen und in Spalten schneiden. Petersilie waschen, trocken schütteln und die Blätter in Streifen schneiden. Die Paella mit Salz, Pfeffer und Paprikapulver abschmecken. Mit Petersilie bestreuen und servieren, die Zitronenspalten zum Selberwürzen dazulegen.

SKEPPSHULT

KOKOSMILCHREIS MIT ERDBEEREN

FÜR 2 PERSONEN ZUBEREITUNG: 25 MIN. PRO PORTION CA. 575 KCAL

10 Kardamom-Kapseln
200 ml Milch
200 g Kokosmilch
125 g Milchreis
150 g Erdbeeren
5 TL Rohrzucker

1 Die Kardamom-Kapseln leicht zerstoßen, sodass sie geöffnet sind. Mit der Milch, der Kokosmilch und dem Milchreis in einem Topf vermischen und alles zum Kochen bringen. Dann die Hitze reduzieren und den Reis zugedeckt 20 Min. bei kleiner Hitze köcheln lassen. Dabei gelegentlich umrühren.

2 Inzwischen die Erdbeeren waschen, entkelchen und in kleine Stücke schneiden. Die Beeren mit 1 TL Rohrzucker vermischen.

3 Zum Schluss, 2 Min. vor Ende der Kochzeit, den Deckel vom Topf nehmen und den übrigen Rohrzucker unter den Reis rühren. Alles noch 2 Min. ziehen lassen. Dann die Kardamom-Kapseln aus dem Reis entfernen und den Reis mit den Erdbeeren servieren.

KOKOS-CURRY-REIS

FÜR 2 PERSONEN   ZUBEREITUNG: 30 MIN.   PRO PORTION CA. 805 KCAL

50 g Cashewkerne
125 g Basmati-Reis
1 Dose Kokosmilch (400 g)
1 EL Currypulver
1 Limette
Salz
2 Möhren
1 rote Paprika
50 g Zuckerschoten

1 Den Backofen auf 200° vorheizen. Die Cashews auf das Blech geben und 2 Min. im Ofen (oben) rösten, dann grob hacken.

2 Die Kokosmilch mit dem Currypulver in eine Schüssel geben. Die Limette achteln, zwei Achtel mit den Fingern über der Schüssel zur Kokosmilch auspressen. ½ TL Salz hinzufügen und alles gründlich verquirlen. Den Reis hinzugeben und gut untermischen.

3 Die Möhren putzen, schälen und in kurze Stifte schneiden. Die Paprika waschen, halbieren, weiße Trennwände und Kerne entfernen, die Hälften in feine Streifen schneiden. Die Zuckerschoten waschen. Die Reismischung auf dem Backblech verteilen, das Gemüse gleichmäßig darüber verteilen. Alles im Ofen (Mitte) 15 Min. backen. Dann den Kokos-Curry-Reis mit Salz abschmecken und mit den Limetten-Achteln und den Cashews bestreut servieren.

3 × REIS – WER HAT GEWONNEN?

Martins etwas andere **Paellapfanne** ist ein wahrer Gaumenwirbel. Spargel und Goji-Beeren werden fruchtig-frisch kombiniert, zusammen mit der leicht scharfen Chorizo ganz klar ein geschmackliches Siegerteam! Adios Paella Valenciana – hier kommt deine Ablösung!

Eine sensationelle Variante von Omas Milchreis! Mit ein paar neuen Zutaten hat sich diese Neuinterpretation des Nachspeise-Klassikers in mein Herz geschlichen. Sandras **Kokosmilchreis** ist klar nominiert für den Überraschungspreis.

Supercooler **Kokos-Curry-Reis** vom Blech! Und schwuppdiwupp servierfertig!! Damit landet Sarah in der Kategorie »Kleiner Aufwand – großer Effekt« ganz oben auf dem Treppchen. Mein Tipp: Mit Curry und Cashewkernen nicht geizen! Das bringt Pep in die Bude.

Wieder Lust auf

SCHMORFLEISCH!

Als Kind erlitt ich ein schweres Rinderschmorbraten-Trauma. Dafür verantwortlich zeichnete meine Tante Renate. Denn bei den sonntäglichen Pflichtbesuchen kam bei ihr, wie ich ihn nannte, der Gefängnis-Rinderschmorbraten auf den Tisch. Jedes Mal! Zäh wie der Ärmel einer Motorradlederjacke, viel zu trocken und völlig ungewürzt würgte ich ihn an vielen Sonntagen hinunter. Aber die Zeit heilt ja bekanntlich alle Wunden. Und hätte ich früher gewusst, dass es beim Rinderschmorbraten auf eine lange Garzeit bei niedriger Temperatur ankommt, hätte ich Tante Renate mal gleich aufgeklärt. Oder ihr besser noch das Buch vom Kochtrio geschenkt, denn mit diesen Rezepten wird Schmorfleisch zum kulinarischen Traum statt zum Trauma. Das ist sicher.

Ihr denkt Rinderschmorfleisch vom Blech kann nichts werden? Mit einem Bräter aus Backpapier rolle ich das Feld von hinten auf. Zarter **Braten im Rotweinsud** – der wird Jumbo schmecken. Ich lass schon mal die Korken knallen.

Pfeffer-Potthast, diese Gulasch-Variante aus meiner westfälischen Heimat, ist ein echtes Aromawunder. Zwiebeln, Zitrone, Kapern und reichlich Pfeffer sorgen für den Geschmack des Sieges!

Mit meinem **Boeuf aux Carottes** nehme ich Jumbo mit nach Frankreich. Voilà, das ist das Siegerrezept! Denn nur im Topf wird Schmorfleisch so butterweich und aromatisch.

ZUTAT NO. 16

RINDERSCHMORFLEISCH

BRATEN MIT KÜRBIS UND KLÖSSEN

FÜR 2 PERSONEN ZUBEREITUNG: 1 STD. 45 MIN. RUHEZEIT: 1 STD. PRO PORTION CA. 830 KCAL

500 g Rinderschulter
3 Schalotten
1 Knoblauchzehe
Salz
Pfeffer
1 EL Öl
200 ml trockener Rotwein
1 TL körnige Brühe
1 kleines Bund Kräuter der Provence (ersatzweise je 3 Zweige Rosmarin und Thymian)
1 Stück Butternuss-Kürbis (am besten den kernlosen »Hals«; ungeputzt ca. 300 g)
200 g Kartoffelklöße (Fertigprodukt; Kühlregal)
25 g Butter

1 Das Fleisch 1 Std. vor Verwendung aus dem Kühlschrank nehmen und Raumtemperatur annehmen lassen. Dann den Backofen mit dem Backblech auf 250° vorheizen. Das Fleisch von Sehnen und Silberhäutchen befreien. Die Schalotten schälen und halbieren. Den Knoblauch schälen und leicht andrücken.

2 Die vier Ecken von einem großen Bogen Backpapier wie bei einem Bonbon verzwirbeln, sodass eine Schale entsteht. Diese mit Öl einstreichen. Das Fleisch leicht salzen, pfeffern und mit Schalotten und Knoblauch darauflegen. Alles auf das Blech geben und im Ofen (Mitte) 5 Min. braten. Dann herausnehmen, Temperatur auf 150° reduzieren, die Hitze kurz aus dem Ofen entweichen lassen.

3 Das Backpapierpaket vom Blech nehmen, das Blech großzügig mit Alufolie auslegen. Das Fleisch in der Backpapierschale in die Mitte des Backblechs setzen. Die Alufolie an den Seiten rings um das Backpapier hochziehen, sodass die Backpapierschale verstärkt wird. Wein und Brühe zum Fleisch geben. Die Kräuter zusammenbinden, waschen und in den Sud legen. Alufolie luftig über dem Fleisch verschließen. Fleisch im Ofen (Mitte) 1 Std. 10 Min. garen.

4 Inzwischen den Kürbis-»Hals« schälen, das Fruchtfleisch in sehr dünne Scheiben hobeln und leicht salzen. Falls nötig, den Kürbis zuvor halbieren, Stielansatz und Kerne entfernen. Die Klöße in ½ cm dicke Scheiben schneiden. Das Blech aus dem Ofen nehmen, die Temperatur auf 220° erhöhen und das Fleischpäckchen vorsichtig öffnen. Nun über das Fleisch zunächst die Kürbisscheiben, dann die Kloßscheiben schichten, sodass das Fleisch eine dichte Haube bekommt. Butter in Flöckchen teilen und darüberstreuen. Alles weitere 20 Min. im Ofen (Mitte) garen, bis die Oberfläche gebräunt und der Kürbis weich ist. Den Braten zum Servieren auf ein tiefes Blech oder eine Platte setzen und mit der Sauce servieren.

ZUTAT NO. 16

RINDERSCHMORFLEISCH

PFEFFER-POTTHAST MIT KARTOFFELN

FÜR 2 PERSONEN   ZUBEREITUNG: 3 STD.   PRO PORTION CA. 535 KCAL

500 g Zwiebeln
2 Pimentkörner
1 TL schwarze Pfefferkörner
1 Wacholderbeere
1 EL Butterschmalz
500 g Rindergulasch
1 EL Tomatenmark
2 TL Zucker
150 ml Bier (z. B. Pils)
500 ml Gemüsebrühe
2 Lorbeerblätter
400 g kleine festkochende Kartoffeln
1 EL Semmelbrösel
½ Bio-Zitrone
1 EL Kapern
Salz
Pfeffer

1 Die Zwiebeln schälen und in grobe Würfel schneiden. Piment, Pfefferkörner und Wacholderbeere in einem Mörser fein zerdrücken. Das Butterschmalz in einer großen Schmorpfanne erhitzen und das Rindergulasch darin bei großer Hitze unter Wenden anbraten, bis es rundherum leicht gebräunt ist. Die Zwiebeln dazugeben und mitbraten, bis sie ebenfalls gebräunt sind.

2 Das Tomatenmark und den Zucker unterrühren und kurz karamellisieren lassen. Dann alles mit dem Bier ablöschen und die Brühe angießen. Lorbeerblätter und die gemörserte Gewürzmischung unterrühren. Alles zum Kochen bringen, dann bei kleiner Hitze zugedeckt ca. 2 Std. schmoren lassen.

3 Inzwischen die Kartoffeln schälen und halbieren. Mit den Semmelbröseln nach 2 Std. Schmorzeit zum Potthast geben und alles offen weitere 30 Min. schmoren lassen, bis die Kartoffeln gar sind und der Potthast leicht angedickt ist.

4 Die Zitronenhälfte heiß waschen und abtrocknen, die Schale abreiben und den Saft auspressen. Kapern und Zitronenschale unterrühren, den Pfeffer-Potthast mit Salz, Zitronensaft und Pfeffer abschmecken. Auf zwei Suppenschalen verteilen und servieren.

ZUTAT NO. 16

RINDERSCHMORFLEISCH

BOEUF AUX CAROTTES

FÜR 2 PERSONEN   ZUBEREITUNG: 1 STD. 15 MIN.   PRO PORTION CA. 795 KCAL

3 Schalotten
2 Knoblauchzehen
50 g durchwachsener Räucherspeck
3 EL Olivenöl
500 g Rinderschulter
200 ml trockener Weißwein (ersatzweise heller Traubensaft)
2 EL Tomatenmark
400 g Rinderbrühe
1 großes Lorbeerblatt
5 Zweige Thymian
300 g kleine Möhren
½ Bund Petersilie
Salz
Pfeffer

1 Schalotten und Knoblauch schälen und grob würfeln. Den Speck in kleine Würfel schneiden. Das Olivenöl in einem Schmortopf erhitzen. Schalotten, Knoblauch und Speck in den Topf geben und bei mittlerer Hitze unter Wenden 5 Min. anbraten.

2 Das Fleisch in grobe Stücke schneiden, in den Topf geben und 3 Min. unter Rühren bei großer Hitze mitbraten. Mit dem Wein ablöschen und alles 2 Min. köcheln lassen, bis der Alkohol verflogen ist. Tomatenmark, Rinderbrühe, Lorbeer und Thymian hinzufügen und alles erneut zum Kochen bringen. Die Hitze reduzieren, den Deckel leicht schräg auflegen und das Fleisch bei kleiner Hitze 30 Min. schmoren lassen. Dabei gelegentlich umrühren.

3 Inzwischen die Möhren putzen, schälen und in dünne Scheiben schneiden. Die Möhrenscheiben nach 30 Min. in den Topf geben und alles 30 Min. offen weiterköcheln lassen. Die Petersilie waschen, trocken schütteln und fein hacken. Das Boeuf aux Carottes kräftig mit Salz und Pfeffer abschmecken, mit Petersilie bestreuen und servieren. Dazu passt Kartoffelpüree oder Brot.

KOCHTRIO, AUFGEPASST! JETZT GEHT'S ZUR SACHE!

Sarahs **Braten mit Kürbis und Klößen** ist kein Schnellschuss, doch man wird für das Warten köstlich belohnt! Ein herbstliches Gericht, bei dem ich den Sommer keine Sekunde vermisst habe. Für mich der beste Sonntagsbraten!

Auch bei Martins **Pfeffer-Potthast** will gut Ding Weile haben. Denn drei Stunden sollte man für diese westfälische Leckerei schon investieren. Aber es lohnt sich. Mein Sieger in der Hausmacher-Küche!

Kräftig, deftig, herrlich! Ein Gericht, bei dem man sich im Nachhinein ärgert, dass man nicht mehr gemacht hat. Sandras **Boeuf aux Carottes** ist rustikal und fein zugleich – und Jumbos Favorit!

Neueinsteiger mit Geschichte

SAUERKRAUT

Schon die alten Seefahrer wussten: Sauerkraut ist super! Auch wenn sie nicht wussten, dass Sauerkraut eine Vitaminbombe ist (von A bis C alles drin), seine Anti-Skorbut-Wirkung wussten sie sehr zu schätzen. Danach »verstaubte« das Kraut lange in der so genannten gut bürgerlichen Küche. Da mussten erst ein paar Hipster kommen, das ganze Superfood nennen – und schon war Sauerkraut wieder in aller Munde. Also nicht wundern, wenn Euch in New York oder London »Kraut-Brownies« oder ähnlich schräge Kreationen über den Weg laufen. Kann man machen, das Kochtrio bleibt auf dem Krautfassboden. Wobei Sauerkrautpommes mit Currywurst-Confit schon auch abgefahren klingt.

Re-designte **Pommes aus Süßkartoffeln und Sauerkraut,** dazu ein würzig-süßliches Confit aus Schalotten und Wurst: Damit liefere ich die Gewinnerversion von Currywurst und Fritten!

Im Topf köcheln Sauerkraut, Ananas und Kokosmilch zu einem wunderbar **cremigen Curry** – das hört sich nach Sieg an!

Hier lande ich einen Überraschungscoup: Mein **Krautkuchen mit Schinken** ist der Hit – geht megaschnell, schmeckt supergut und nach dem letzten Bissen will man mehr. Noch Fragen?

SAUERKRAUT-POMMES
MIT CURRYWURST-CONFIT

FÜR 2 PERSONEN ZUBEREITUNG: 30 MIN. PRO PORTION CA. 890 KCAL

8 Schalotten
250 g grobe oder feine Bratwürste
3 EL Öl
40 g Zucker
2 EL Tomatenmark
1 TL Speisestärke
150 ml Weißwein
50 ml Aceto balsamico bianco
2 TL edelsüßes Paprikapulver
1 TL Currypulver
Cayennepfeffer
Salz
Pfeffer
250 g Süßkartoffel
200 g Sauerkraut
½ TL gemahlener Kümmel
1 Ei (L)
2 EL Weizenmehl (Type 550)
1 EL Butterschmalz

1 Für das Confit die Schalotten schälen und halbieren. Die Bratwürste in Scheiben schneiden. 1 EL Öl in einer Pfanne erhitzen, Schalotten und Bratwurstscheiben darin 3–4 Min. anbraten, bis sie leicht gebräunt sind. Zucker und Tomatenmark dazugeben und leicht karamellisieren lassen. Die Speisestärke darüberstreuen. Alles mit dem Wein ablöschen und den Essig angießen. 1 TL Paprikapulver, ½ TL Currypulver und 1 Prise Cayennepfeffer unterrühren und das Confit in 3–4 Min. dicklich einköcheln lassen. Das fertige Currywurst-Confit mit Salz und Pfeffer abschmecken, in eine Schüssel umfüllen und zugedeckt beiseitestellen.

2 Für die Pommes die Süßkartoffel schälen und raspeln. Aus dem Sauerkraut reichlich Flüssigkeit ausdrücken, es sollten mindestens 50 ml sein. Süßkartoffelraspel und das Sauerkraut mit dem restlichen TL Paprikapulver, Kümmel, Salz und Pfeffer würzen und mit dem Ei und dem Mehl zu einer glatten Masse verkneten.

3 Die Pfanne säubern, dann 1 EL Öl und das Butterschmalz darin erhitzen. Aus der Süßkartoffel-Sauerkraut-Masse 16 kroketengroße, aber etwas dünnere Rollen formen und in der Pfanne in 12–15 Min. bei nicht zu großer Hitze rundherum goldbraun braten, dabei gegebenenfalls noch etwas Öl hinzufügen. Fertige Sauerkraut-Pommes auf Küchenpapier abtropfen lassen.

4 Das Currywurst-Confit in die Pfanne geben, ganz kurz darin erhitzen. Die Sauerkrautpommes darauf oder daneben anrichten, nach Wunsch noch mit etwas Currypulver oder Cayennepfeffer bestreuen und alles in der Pfanne servieren.

SAUERKRAUT-CURRY

FÜR 2 PERSONEN ZUBEREITUNG: 50 MIN. PRO PORTION CA. 400 KCAL

1 Zwiebel
300 g vorwiegend festkochende Kartoffeln
1 EL Sonnenblumenöl
125 g Ananasfruchtfleisch (fertig geputzt; Obst-Kühltheke)
2 TL scharfes Currypulver
300 g Sauerkraut
350 ml Gemüsebrühe
200 g Kokosmilch
1 kleine rote Chilischote
Grün von 1 Frühlingszwiebel

1 Zwiebel und Kartoffeln schälen. Die Zwiebel fein würfeln und die Kartoffeln in 2 cm große Würfel schneiden. Das Sonnenblumenöl in einem Topf erhitzen und beides darin 3 Min. anschwitzen.

2 Ananasfruchtfleisch in kleine Stücke schneiden und in den Topf geben. Das Currypulver hinzufügen und alles vermischen. Das Sauerkraut kurz abtropfen lassen, dann in den Topf geben. Gemüsebrühe und Kokosmilch dazugeben und alles verrühren.

3 Die Chili waschen und mit in den Topf geben. Alles zum Kochen bringen, dann zugedeckt 45 Min. bei kleiner Hitze köcheln lassen. Inzwischen das Frühlingszwiebelgrün waschen und in dünne Ringe schneiden. Das Curry damit bestreuen und servieren.

ZUTAT NO. 17

SAUERKRAUT

KRAUTKUCHEN MIT SCHINKEN

FÜR 2 PERSONEN ZUBEREITUNG: 5 MIN. BACKZEIT: 20 MIN. PRO PORTION CA. 755 KCAL

250 g Weinsauerkraut
1 rote Zwiebel
1 fertig ausgerollter rechteckiger Pizzateig (400 g; Kühlregal)
150 g Schmand
Pfeffer
50 g rohe Schinkenwürfel

1 Den Backofen auf 200° vorheizen. Das Weinsauerkraut in ein Sieb geben, leicht ausdrücken und abtropfen lassen. Die Zwiebel schälen und in feine Ringe schneiden.

2 Den Pizzateig entrollen und mit dem Papier auf das Backblech legen. Die Zwiebelringe auf dem Teig verteilen. Das Weinsauerkraut mit dem Schmand vermengen und gleichmäßig auf dem Teig verteilen. Den Pfeffer darübermahlen, den Schinken daraufstreuen und den Krautkuchen im Ofen (Mitte) 20 Min. (s. auch Packungsangabe) backen und auf dem Blech servieren.

RAUT
SAUER
Mindestens haltbar bis

JUMBOS KRAUT-AWARD GEHT AN …

Ein echter Knüller: Knusprig, würzig, currywurstig! Alle werden fragen, wie ihr Martins **Sauerkraut-Pommes mit Currywurst-Confit** gemacht habt – aber pst! Das bleibt unser Geheimnis.

Bei Sandras **Sauerkraut-Curry** trifft asiatische auf deutsche Küche – eine kulinarische Freundschaft ganz nach meinem Geschmack. Klarer Anwärter für den United-Nations-Cup!

Kuchen mit Kraut – eine klasse Idee! Die perfekte Leckerei für einen geselligen Abend. Schnell gemacht und ideal zu Bier und Wein.

Entspannt zubereiten:

SCHWEINEFILET

… ist das teuerste Stück vom Schwein. Und egal, ob als Ganzes oder in Stücken gebraten, es bedarf fürsorglicher Behandlung. Denn da es kaum oder gar kein intramuskuläres Fett besitzt, kann es bei falscher Zubereitung schnell trocken werden. Die richtige Zubereitung fängt schon ein Stündchen vor dem Braten oder Garen an. Schweinefilet sollte nämlich niemals kühlschrankkalt in Topf oder Pfanne, im Ofen oder auf dem Grillrost landen. Jeder von uns weiß, wie es sich anfühlt, wenn man aus der Sauna direkt ins Eisbecken springt. Beim Schweinefilet ist es zwar umgekehrt, aber das Ergebnis des Temperaturschocks ist gleich: Alle Muskeln ziehen sich erst mal zusammen. Das kann beim Filet zähe Folgen haben. Holt das schöne Stück also früh genug raus aus der Kälte und gebt ihm Entspannungs-Zeit bei Raumtemperatur!

Schweinefilet bleibt im Topf schön saftig und zart. Und bei meinem **Stew** gibt's noch würzige Sauce und ein paar weiche Klöße obendrauf – besser geht's nun wirklich nicht!

Her mit Platz 1! Mit extra-aromatischem, whiskeywürzigem **Schweinefilet aus der Pfanne** und balsamico-umschmeichelten Tomaten flashe ich auch eingefleischte Grillmeister wie Jumbo.

Schnitzel aus der Pfanne kann jeder. Bei mir kommen sie vom Blech, begleitet von Rosenkohl, knusprigen Pommes und zart schmelzendem Käse. Bähm!!!

ZUTAT NO. 18

SCHWEINEFILET

STEW MIT APFEL UND KLÖSSEN

FÜR 2 PERSONEN ZUBEREITUNG: 1 STD. 15 MIN. PRO PORTION CA. 675 KCAL

1 rote Zwiebel
1 Stange Staudensellerie
2 Knoblauchzehen
2 EL Olivenöl
1 Lorbeerblatt
1 TL getrockneter Thymian
300 g Schweinefilet
1 EL Mehl
2 EL Apfelessig
150 ml Cidre Brut (ersatzweise ungesüßter Apfelsaft)
1 EL körniger Senf
250 ml Hühnerbrühe
1 Apfel (z. B. Boskop)
100 g Möhren
Salz
Pfeffer

Für die Klöße:
125 g Mehl
2 TL Backpulver
1 TL Zucker
Salz
20 g kalte Butter
125 ml Milch
1 TL getrockneter Thymian
Pfeffer

1 Die Zwiebel schälen und würfeln. Die Selleriestange waschen und in dünne Scheiben schneiden. Den Knoblauch schälen und grob hacken. Das Olivenöl in einem Schmortopf erhitzen. Zwiebel, Sellerie, Knoblauch, Lorbeerblatt und Thymian in den Topf geben und bei kleiner bis mittlerer Hitze 5 Min. anbraten.

2 Das Schweinefilet in große Würfel schneiden, in den Topf geben und rundum leicht anbräunen. Das Mehl in den Topf streuen und alles miteinander vermengen. Mit dem Apfelessig und Cidre ablöschen und 2 Min. köcheln lassen, bis der Alkohol verflogen ist.

3 Senf und Hühnerbrühe hinzufügen und alles offen bei mittlerer Hitze weiterköcheln lassen. Den Apfel schälen und halbieren. Die Hälften entkernen und in kleine Stücke schneiden. Die Möhren putzen, schälen und in dünne Scheiben schneiden. Apfel- und Möhrenstücke in den Topf geben. Alles salzen, pfeffern und zugedeckt 45 Min. köcheln lassen, dabei gelegentlich umrühren.

4 Inzwischen für die Klöße Mehl, Backpulver, Zucker und ½ TL Salz in eine Schüssel geben und vermischen. Die Butter in kleine Würfel schneiden, hinzufügen und alles mit den Fingerspitzen zu einem krümeligen Teig verreiben. Dann Milch, Thymian und Pfeffer hinzufügen und alles zu einem glatteren Teig verkneten.

5 Nach 45 Min. Kochzeit das Stew kräftig mit Salz und Pfeffer abschmecken. Den Kloßteig zu Bällchen formen und diese nebeneinander auf dem Stew verteilen, sodass es komplett von den Klößen bedeckt ist. Den Topfdeckel wieder aufsetzen und Stew und Klöße weitere 15 Min. garen, dann im Topf servieren.

ZUTAT NO. 18

SCHWEINEFILET

HONEY-BBQ-RUB-FILET
MIT KARAMELLISIERTEN TOMATEN

FÜR 2 PERSONEN   ZUBEREITUNG: 30 MIN.   PRO PORTION CA. 495 KCAL

6 Zweige Thymian
4 Knoblauchzehen
2 ½ EL Honig
1 TL edelsüßes Paprikapulver
1 TL geräuchertes Paprikapulver (z. B. spanisches Pimentón dulce)
½ TL Cayennepfeffer
2 TL Steakpfeffer
1 Msp. gemahlener Kreuzkümmel
Salz (am besten dänisches Rauchsalz)
400 g Schweinefilet (z. B. vom Ibericoschwein)
250 g bunte Kirschtomaten
4 Stängel Basilikum
2 EL Öl
3 cl Whiskey (nach Belieben)
4 EL Aceto balsamico
Pfeffer

1 Für den Rub den Thymian waschen, trocken schütteln und die Blättchen abzupfen. Knoblauch schälen. 2 Zehen durchpressen und mit Thymian, ½ EL Honig, den Gewürzen und etwas Salz mischen. Das Schweinefilet mit einem Tranchiermesser von weißen Häutchen und Sehnen befreien und mit der Gewürzmischung einreiben.

2 Die Kirschtomaten waschen. Das Basilikum waschen und trocken schütteln, die Blätter abzupfen. Die restlichen beiden Knoblauchzehen in dünne Scheiben schneiden.

3 1 EL Öl in einer Pfanne erhitzen. Das Fleisch bei mittlerer Hitze rundherum 2–3 Min. anbraten, bis es leicht gebräunt ist. Das Fleisch auf einen Streifen Alufolie legen, mit dem Whiskey beträufeln und mit Salz würzen. Die Alufolie über dem Fleisch verschließen, das eingepackte Fleisch die Pfanne legen und bei nicht zu großer Hitze zugedeckt weitere 5 Min. garen. Dann das Fleischpäckchen aus der Pfanne nehmen und zum Ruhen beiseitestellen. Die Pfanne mit einem Küchenpapier säubern.

4 Das restliche Öl in der Pfanne erhitzen, die Tomaten darin rundherum anbraten. Den restlichen Honig und die Knoblauchscheiben dazugeben. Die Tomaten leicht karamellisieren lassen, dann mit dem Balsamico ablöschen. Die Tomaten mit Salz und Pfeffer würzen und kurz aus der Pfanne nehmen.

5 Das Filet auspacken, in Scheiben schneiden und diese in der Pfanne schwenken. Die karamellisierten Tomaten mit Knoblauchscheiben und Honig-Balsamico dazugeben. Das Basilikum untermischen und alles in der Pfanne servieren. Dazu passt Baguette.

ZUTAT NO. 18

SCHWEINEFILET

SCHNITZEL MIT ROSENKOHL
UND GRUYÈRE-POMMES

FÜR 2 PERSONEN ZUBEREITUNG: 35 MIN. PRO PORTION CA. 625 KCAL

200 g TK-Rosenkohl
500 g festkochende Kartoffeln
3 EL Olivenöl
1 Zweig Rosmarin
30 g Cornflakes
1 EL Mehl
1 Ei (M)
250 g Schweinefilet
Salz
Pfeffer
40 g Gruyère

1 Den Rosenkohl aus dem Tiefkühlfach nehmen und leicht antauen lassen. Den Backofen auf 230° Umluft vorheizen. Die Kartoffeln gründlich waschen und, falls nötig, schälen. Die Kartoffeln in pommesähnliche Stäbchen schneiden. Mit 2 EL Olivenöl in eine Schüssel geben und gründlich damit vermengen.

2 Den Rosmarin waschen und trocken schütteln, die Nadeln fein hacken. Ein Backblech mit Backpapier auslegen, die Pommes locker darauf verteilen. Im Ofen (Mitte) 10 Min. backen.

3 Inzwischen die Cornflakes mit der Hand klein zerdrücken und auf einen Teller geben, das Mehl auf einen zweiten. Das Ei auf einen dritten Teller aufschlagen und verquirlen. Das Filetstück halbieren. Die Stücke etwas flacher drücken, salzen und pfeffern, anschließend erst im Mehl wälzen, dann durch das Ei ziehen und schließlich von beiden Seiten mit den Cornflakes panieren.

4 Die Kartoffeln wenden und weitere 5 Min. im Ofen (Mitte) backen. Inzwischen den Rosenkohl halbieren, in eine Schüssel geben und mit dem restlichen Öl und dem Rosmarin vermengen.

5 Nach insgesamt 15 Min. Backzeit die Kartoffeln zusammenschieben. Die beiden Schnitzel und den Rosenkohl auf den freien Platz auf das Blech geben und weitere 5 Min. mitbacken. Inzwischen den Gruyère raspeln. Dann die Schnitzel wenden, den Gruyère über die Pommes streuen und alles weitere 5 Min. backen. Vor dem Servieren salzen und pfeffern.

SCHWEIN GEHABT!

Sandras **Stew** = Jumbos kulinarischer Traum! Das leckere Ragout darf in keiner »To-cook-Liste« fehlen! Und Klöße gibt's gleich mit dazu.

Martins rub-würzige **Filet-Version mit karamellisierten Tomaten** lässt mein BBQ-Herz höher schlagen: die perfekte Synergie von pikant-rauchigem Fleischaroma und honigsüßen Kirschtomaten! In meiner persönlichen »To-fry-Liste« findet ihr dieses Gericht ganz weit oben!

Ja, ich weiß: Rosenkohl ist ein eher schwieriges Thema – aber nicht bei Sarah! Hier harmoniert er perfekt mit **Schnitzel und Gruyère-Pommes.** Eine Symphonie mit Käse überbacken! Und ein Rezept mit Leibspeisen-Potenzial!

Aufsteiger der Saison

SÜSSKARTOFFELN

… kamen schon im 16. Jahrhundert aus Südamerika nach Europa, gemeinsam mit den ganz normalen Kartoffeln. Im Gegensatz zu Sieglinde und Agata konnte sich die *Ipomoea batata* aber bei uns jahrhundertelang nicht durchsetzen. Doch plötzlich boomten Edel-Burger-Buden und Streetfood-Trucks in Berlin und München, Hamburg und Köln, versorgten hungrige Hipster mit den auch von mir heiß geliebten *Sweet Potatoe Fries*, schlossen Low-Carb- und Superfood-Köche die Knolle in ihr Herz. So ist die Süßkartoffel mittlerweile auf jeder, wirklich jeder Speisekarte zu finden. Weil sie mehr kann als Fast Food. Und weil sie – wie ihre graue Kollegin – ein echtes Multitalent in Topf, Pfanne und Ofen ist.

Süßkartoffeltoasts – das trendige Instagram-food klappt auch im Ofen super. Drauf kommt, was gefällt, und der Nachtisch wird gleich mitgebacken. Zwei in Eins gewinnt!

Cremig, herzhaft und im Topf schnell gemacht – mein genial einfaches **Süßkartoffelpüree mit schwarzen Bohnen und Feta**! Das muss der Gewinner sein.

Dieser herbstlichen **Powersalat mit Cranberrys und Pecannüssen** beschert mir garantiert die Pole-Position. Denn das Zusammenspiel von süß, säuerlich und nussig ist einfach die beste Formel für Platz 1.

BUNTE SÜSSKARTOFFELTOASTS

FÜR 2 PERSONEN ZUBEREITUNG: 25 MIN. PRO PORTION CA. 975 KCAL

500 g Süßkartoffeln (am besten gleichmäßig geformt)
1 Knoblauchzehe
1 Jalapeño-Chilischote
3 EL Olivenöl
1 vorgegarter Maiskolben (200 g)
100 g Feta
1 kleine Avocado
½ Zitrone
60 g TK-Erbsen
Salz
½ TL Agavendicksaft
2 Radieschen (40 g)
4 Zweige Thymian
30 g kernlose Weintrauben
20 g gesalzene, geröstete Erdnusskerne
2 TL Erdnussbutter
2 TL Johannisbeer-Konfitüre

1 Den Backofen auf 240° Umluft vorheizen. Ein Backblech mit Backpapier auslegen. Die Süßkartoffeln gründlich waschen oder schälen und in ½ cm dicke Scheiben schneiden. Knoblauch schälen. Jalapeño waschen und ein Viertel davon mit dem Knoblauch sehr fein hacken, dann mit 2 EL Olivenöl verrühren. Zwei Drittel der Süßkartoffelscheiben ringsum mit dem Würzöl bestreichen und auf eine Seite des Backblechs legen. Übrige Scheiben mit restlichem Olivenöl einpinseln und auf der anderen Seite platzieren. Den Mais in acht fingerdicke Scheiben schneiden und zwischen die Süßkartoffelscheiben legen. Alles im Ofen (Mitte) 8–10 Min. garen.

2 Inzwischen den Feta zerbröseln. Die Avocado halbieren, entsteinen, Fruchtfleisch aus der Schale lösen und grob zerkleinern. Die Zitronenhälfte auspressen. Zitronensaft und Avocadostücke in den Blitzhacker oder einen hohen Rührbecher geben, die Erbsen, ½ TL Salz und Agavendicksaft dazugeben und alles im Blitzhacker oder mit dem Pürierstab zu einer stückigen Creme pürieren.

3 Die Radieschen waschen, putzen und in feine Scheiben hobeln. Die Scheiben in einer Schüssel leicht salzen und mit den Händen gründlich verkneten. Den Thymian waschen, die Blättchen abzupfen. Das übrige Jalapeñostück fein schneiden. Die Weintrauben waschen und halbieren. Die Erdnüsse grob hacken.

4 Nach 8–10 Min. alle Süßkartoffel- und Maisscheiben wenden. Die mit dem Würzöl bestrichenen Kartoffelscheiben mit Feta bestreuen. Alles im Ofen (oben) weitere 5 Min. backen. Dann die Feta-Kartoffeln leicht salzen, mit der Avocadocreme bestreichen, Mais- und Radieschenscheiben darauf anrichten und mit Jalapeño und Thymian bestreuen. Übrige Süßkartoffelscheiben mit Erdnussbutter und Konfitüre bestreichen, mit Trauben belegen und mit Erdnüssen bestreuen. Die Toasts heiß oder lauwarm servieren.

ZUTAT NO. 19

SÜSSKARTOFFELN

SÜSSKARTOFFELPÜREE
MIT SCHWARZEN BOHNEN UND FETA

FÜR 2 PERSONEN ZUBEREITUNG: 15 MIN. KOCHZEIT: 15 MIN. PRO PORTION CA. 620 KCAL

750 g Süßkartoffeln
Salz
25 g Butter
100 ml Milch (Zimmertemperatur)
Pfeffer
150 g schwarze Bohnen (aus der Dose; ersatzweise Kidney-Bohnen)
75 g Feta
½ Bund Koriandergrün

1 Die Süßkartoffeln schälen, in Würfel schneiden und in einen Topf geben. Wasser mit 1 Prise Salz dazugeben und aufkochen. Die Süßkartoffeln zugedeckt 15 Min. kochen lassen, bis sie gar sind, dann abgießen und zurück in den Topf geben.

2 Die Süßkartoffeln mit einem Kartoffelstampfer zu Püree zerstampfen. Butter und gut 80 ml zimmerwarme Milch hinzufügen und untermengen. Das Süßkartoffelpüree mit Salz und Pfeffer würzen. Ist es zu fest, noch etwas mehr Milch untermengen.

3 Die Bohnen in ein Sieb abgießen, kalt abbrausen und abtropfen lassen. Den Feta mit den Händen zerkrümeln. Koriandergrün waschen, trocken schütteln und fein hacken. Bohnen, Feta und Koriander unter das Püree mischen und alles im Topf servieren.

WARMER SÜSSKARTOFFELSALAT
MIT CRANBERRYS UND PECANNÜSSEN

FÜR 2 PERSONEN ZUBEREITUNG: 20 MIN. PRO PORTION CA. 565 KCAL

1 Süßkartoffel (ca. 400 g)
1 EL Öl (zum Braten)
100 g Feldsalat
40 g getrocknete Cranberrys
40 g Pecannusskerne
1 EL Rotweinessig
1 EL Zitronensaft
2 TL Ahornsirup
1 TL körniger Senf
2 EL Rapsöl
Salz
Pfeffer

1 Die Süßkartoffel schälen, längs halbieren und in 7–8 mm dünne Scheiben schneiden. Das Öl in einer Pfanne erhitzen und die Süßkartoffelscheiben darin zugedeckt bei kleiner bis mittlerer Hitze 5 Min. braten, sodass die Unterseite nur ganz leicht gebräunt ist.

2 In der Zwischenzeit den Feldsalat verlesen, waschen und trocken schleudern. Die Süßkartoffelscheiben nach 5 Min. Bratzeit wenden. Die Cranberrys und die Pecannüsse dazugeben und alles zugedeckt weitere 5 Min. in der Pfanne braten.

3 Währenddessen für das Dressing den Rotweinessig mit Zitronensaft, Ahornsirup und Senf verrühren. Das Rapsöl unterschlagen. Das Dressing mit Salz und Pfeffer abschmecken.

4 Die Süßkartoffeln noch einmal wenden und offen weitere 2–3 Min. braten, bis sie gar und weiterhin nur leicht gebräunt sind. Die Pfanne vom Herd nehmen und leicht abkühlen lassen. Dann den Feldsalat zu Süßkartoffeln, Cranberrys und Pecannüssen geben. Alles nach Belieben auf zwei Teller verteilen und mit dem Dressing beträufeln. Den Süßkartoffelsalat warm servieren. Dazu passt geröstetes, mit Knoblauchöl bestrichenes Baguette.

UND DER KNOLLEN-OSCAR GEHT AN …

Es könnte gut sein, dass eure Gäste süchtig werden nach Sarahs **Süßkartoffeltoasts** vom Blech. Bitte deshalb immer für reichlich Nachschub sorgen. Es soll bei Engpässen schon zu Unruhen gekommen sein! Unwiderstehlich!

Ein neuer Stern am Beilagen-Himmel, der auch das Zeug für die Hauptrolle hat! Egal, mit was oder wem man Sandras **Süßkartoffelpüree mit schwarzen Bohnen** konfrontiert – es macht sein Ding grandios! Oscar für die beste Nebenrolle!

Für mich der Star auf jeder Grillparty! Allerdings könnte es sein, dass Martins **Süßkartoffelsalat mit Cranberrys und Pecannüssen** schon vor dem gegrillten Fleisch weg ist. Aber das sollte dann nicht euer Problem sein!

Ernsthaft gut:

TOFU

Es gibt, glaube ich, kaum ein Lebensmittel, über das so viele Witze gemacht werden wie über Tofu. Ich finde das geschmacklos! Und das trifft es auf den Punkt, denn mal ehrlich: Tofu ist neutraler als die Schweiz und entwickelt sich erst unter Einsatz von Kräutern, Gewürzen & Co. zu einer interessanten Zutat. Deshalb nenne ich diesen Sojabohnen-»Quark« auch gerne den Joe-Cocker-Käse – frei nach dem Motto: »With a little help from my friends«. Tofu braucht einfach starke Unterstützung. Zum Beispiel von Sternanis, Ingwer oder … Appenzeller! Da wird so ein Stück Tofu auch für Fleischesser ’ne leckere Sache.

Reisnudel-Topf mit Tofu, Sternanis und buntem Gemüse – damit räume ich garantiert ab! Denn bei meinem Traum-Topf schmelzen nicht nur Vegetarier-Herzen. Der begeistert auch Jumbo.

So hat man Tofu noch nie gesehen: Als **knusprige Kroketten** mit würzigem Appenzeller, dazu Wurzelgemüse und Sauerkirsch-Dip. Das macht Platz 1 mit Sonderauszeichnung für den besten Newcomer.

Ich habe **Tofu asiatisch-frisch gewürzt** und in sympathischer Glasnudel-Begleitung in der Pfanne gebraten und geschmort. Logisch, dass er so das Potenzial zum Siegertypen hat!

ZUTAT NO. 20

TOFU

REISNUDEL-TOPF
MIT TOFU UND STERNANIS

FÜR 2 PERSONEN   ZUBEREITUNG: 30 MIN.   PRO PORTION CA. 390 KCAL

1,2 l Gemüsebrühe
1 Zimtstange
2 Sternanise
3 EL Sojasauce
1 TL Erdnussöl
1 Stück Ingwer (3 cm lang)
50 g Champignons
1 kleine rote Spitzpaprika
40 g Zuckerschoten
200 g Tofu
100 g Reisbandnudeln
Grün von 2 großen Frühlingszwiebeln
4 Stängel Koriandergrün

1 Die Gemüsebrühe mit Zimtstange, Sternanisen, Sojasauce und Erdnussöl in einen Topf geben und zum Kochen bringen. Den Ingwer schälen, in breite Stücke schneiden und hinzufügen. Alles zugedeckt 10 Min. bei kleiner Hitze köcheln lassen.

2 Inzwischen die Champignons putzen, bei Bedarf mit einem Tuch abreiben und in sehr feine Scheiben schneiden. Die Spitzpaprika waschen, halbieren und weiße Trennwände und Kerne entfernen. Die Hälften in sehr feine Streifen schneiden. Die Zuckerschoten waschen, putzen und ebenfalls in sehr feine Streifen schneiden. Dann das vorbereitete Gemüse beiseitelegen.

3 Den Tofu abtropfen lassen und in 3 cm große Würfel schneiden. Nach 10 Min. Kochzeit Zimtstange, Sternanise und Ingwer aus der Brühe nehmen und stattdessen den Tofu und die Reisbandnudeln hinzufügen. Zugedeckt 3 Min. oder nach Packungsangabe köcheln lassen, bis die Reisnudeln bissfest sind.

4 Inzwischen das Frühlingszwiebelgrün waschen und in dünne Ringe schneiden. Das Koriandergrün waschen, trocken schütteln und mit den zarten Stängeln grob hacken.

5 Das vorbereitete Gemüse nun entweder in die heiße Brühe zu den übrigen Zutaten geben. Oder das Gemüse auf zwei tiefe Schalen verteilen und Reisnudeln, Tofu und heiße Brühe dazugeben. Frühlingszwiebelringe und Koriandergrün darüberstreuen.

TOFU-KROKETTEN
MIT WURZELGEMÜSE UND SAUERKIRSCH-DIP

FÜR 2 PERSONEN ZUBEREITUNG: 45 MIN. PRO PORTION CA. 680 KCAL

75 g Appenzeller
200 g Tofu
1 Ei (M)
3 EL Olivenöl
Salz
Pfeffer
30 g Semmelbrösel
200 g Möhren
200 g Petersilienwurzeln
60 g Sauerkirsch-Fruchtaufstrich
100 g saure Sahne

1 Den Backofen auf 200° vorheizen. Den Käse entrinden und raspeln oder im Blitzhacker fein zerkleinern. Den Tofu abtropfen lassen und mit einer Gabel zerdrücken oder ebenfalls im Blitzhacker fein zerkleinern. Käse und Tofu mischen. Das Ei und 1 ½ EL Öl dazugeben. Alles gründlich mischen und kräftig salzen und pfeffern.

2 Semmelbrösel in einem Teller auslegen. Aus der Tofumasse acht tischtennisgroße Bällchen formen, diese zu länglichen Rollen von ca. 5 cm Länge formen und in den Semmelbröseln wenden. Die Röllchen dann auf ein mit Backpapier ausgelegtes Blech legen.

3 Die Möhren und Petersilienwurzeln putzen, gründlich waschen oder, falls nötig, schälen, dann mit dem Messer in ca. 4 cm lange Stücke schneiden. Das Gemüse mit dem übrigen Öl mischen und neben den Tofu-Kroketten auf dem Blech auslegen. Alles im Ofen (Mitte) 30 Min. backen, dann herausnehmen und salzen.

4 Während der Backzeit den Sauerkirsch-Fruchtaufstrich und die saure Sahne glatt rühren. Den Dip mit Pfeffer und Salz abschmecken und mit Tofu-Kroketten und Wurzelgemüse servieren.

ZUTAT NO. 20

TOFU

GLASNUDELPFANNE
MIT INGWER-LIMETTEN-TOFU

FÜR 2 PERSONEN ZUBEREITUNG: 25 MIN. PRO PORTION CA. 600 KCAL

150 g Glasnudeln
200 g Tofu
1 orange Paprika
125 g Shiitake (Pilze)
3 Frühlingszwiebeln
1 kleines Bund Koriandergrün
1 Knoblauchzehe
1 Stück Ingwer (1 cm lang)
3 EL Limettensaft
4 EL Sojasauce
1 EL Rohrohrzucker
Salz
1 EL Öl
3 EL ungesalzene Erdnusskerne
Sriracha-Sauce (asiatische Chili-Sauce; ersatzweise Sambal Oelek)

1 Die Glasnudeln 10 Min. in warmes Wasser einlegen. Den Tofu abtropfen lassen, dabei kräftig ausdrücken und in Würfel schneiden. Die Paprika waschen, halbieren, weiße Trennwände und Kerne entfernen, die Hälften in schmale Streifen schneiden.

2 Die Pilze putzen, bei Bedarf mit einem Tuch abreiben und die Stiele abschneiden, große Kappen halbieren oder vierteln. Frühlingszwiebeln putzen, waschen und in Ringe schneiden. Koriandergrün waschen und trocken schütteln, die Blätter abzupfen.

3 Für die Sauce den Knoblauch und den Ingwer schälen und klein schneiden. Mit 2 EL Limettensaft, 3 EL Sojasauce, Zucker und 80 ml Wasser fein pürieren und mit Salz würzen. Die Nudeln in ein Sieb abgießen und gründlich abtropfen lassen.

4 Das Öl in einer Pfanne erhitzen, Tofu, Paprika und Pilze darin 5 Min. pfannenrühren, dabei nach 3 Min. die Erdnüsse dazugeben und kurz mitbraten. Frühlingszwiebeln und eingeweichte Nudeln dazugeben. Die Sauce angießen und die Nudeln zugedeckt 1 Min. garen. Dann das Koriandergrün unterheben. Alles mit Sojasauce und Limettensaft abschmecken. Auf Teller verteilen und bei Tisch nach Geschmack mit Sriracha-Sauce schärfen.

DER HELLSTE STERN AM VEGGIE-HIMMEL?

Es muss nicht immer Fleisch sein. Denn wenn Tofu, Gemüse und Sternanis so gut harmonieren wie in Sandras **Reis-nudel-Topf**, vermisst man nichts, außer vielleicht jemanden, der abwäscht. Nominiert für den Veggie-Award!

Spitzenplatz in der Rubrik »Exotik 2.0.«! Sarahs experimentelle Kombi aus **Tofu-Kroketten**, rassigem Appenzeller und Sauerkirsch-Dip ist ein absolutes Mund-feuerwerk – *surprise, surprise*!

Einfach, frisch und effektvoll: Nudel und Tofu haben sich mit Ingwer und Limette zwei starke Freunde mit in die Pfanne geholt. Und mit der Sriracha-Sauce kann bei Martins **Glasnudelpfanne** jeder selbst am Schärferad drehen. »Quick und lecker!«, wie der Asiate sagt.

REGISTER

Hier sind neben den Rezeptnamen auch die 20 Hauptzutaten aufgelistet. Darunter findet ihr alle Rezepte, in denen diese Zutat mitmischt. Vegetarische Rezepte sind grün gesetzt. Hinter den Rezeptnamen steht in Klammern, ob das Gericht im (T)opf, in der (P)fanne oder auf dem (B)lech zubereitet wird.

REGISTER

REGISTER

BACKOFENHINWEIS:

Die Backzeiten können je nach Herd variieren. Die Temperaturangaben in unseren Rezepten beziehen sich auf das Backen im Elektroherd mit Ober- und Unterhitze und können bei Gasherden oder Backen mit Umluft abweichen. Details entnehmt ihr bitte der Gebrauchsanweisung.

IMPRESSUM

Die Autoren und der Moderator

Martin Kintrup hat seine Lust am Kochen, Essen und Genießen zum Beruf gemacht. Als Autor und Redakteur arbeitet er für mehrere Verlage und hat schon zahlreiche Kochbücher geschrieben. Fürs Kochtrio gibt er den » Maître de Panne« – mit 20 unglaublich vielfältigen und kreativen One-Pan-Rezepten!

Sarah Schocke, Ökotrophologin, arbeitet als freie Fachjournalistin und Buchautorin in Frankfurt am Main mit den Schwerpunkten Ernährung und Genussküche. Fürs Kochtrio heizt sie dem Blech kräftig ein und serviert die heißesten und besten One-Tray-Rezepte aller Zeiten!

Sandra Schumann, Foodstylistin und Rezeptautorin, lebt und arbeitet in Berlin und hat bei GU bereits mehrere Bücher veröffentlicht. Im Kochtrio tobt sie sich mit dem Topf aus – so lecker und neu ging One-Pot-Küche noch nie!

Jumbo Schreiner ist Schauspieler, Moderator und begeisterter Food-Tester – bekannt aus Sendungen wie Galileo und Taste Battle. Mit viel Esprit, Charme und kulinarischer Kompetenz führt er durch das Buch, feuert das Kochtrio an und bewertet die Rezepte.

Die Rezeptfotografin

Die australische Fotografin **Becca Crawford** lebt in Berlin. Sie wuchs in Sydney auf und studierte an der University of New South Wales Architektur. Nach einem Masterstudium in Mode an der Parsons (New School of Design) in New York City erhielt sie ein Stipendium zur Promotion in Visual Design an der University of Technology von Sydney. Beccas ganzheitliche Herangehensweise und Vielfalt erkennt man in jedem ihrer Fotoshootings.

Der Peoplefotograf

Klaus-Maria Einwanger, BFF-Fotograf (www.kme-studios.com/blog/klaus-einwanger/) und Gründer von KME Studios, ist mit seiner Kamera immer nah dran und authentisch. Mit dieser Emotionalität, die seit mehr als 25 Jahren seine Fotografie im Bereich Food, People und Lifestyle prägt, konnte er zahlreiche nationale sowie internationale Awards und viele namhafte Kunden gewinnen. Mit einer Repräsentanz in New York und KME Studios in der bayerischen Heimat sowie in Berlin (www.kme-studios.com/kontakt/) arbeitet der gebürtige Münchener national und international.

Konzept und Projektleitung: Alessandra Redies
Lektorat: Susanne Bodensteiner
Korrektorat: Adriane Andreas
Gesamtgestaltung: independent Medien-Design, München: Horst Moser (Artdirection), Lucie Heselich
Herstellung: Susanne Fuhrmann
Satz: Christopher Hammond
Reproduktion: Longo AG, Bozen
Druck: aprinta, Wemding
Bindung: Conzella, Pfarrkirchen
Printed in Germany
Syndication: www.seasons.agency
Bildnachweis: Coverfotografie: Klaus-Maria Einwanger; Rezeptfotos: Becca Crawford; Peoplefotos: Klaus-Maria Einwanger
Titelrezepte: Auf dem Cover sind von links nach rechts zu sehen: Gebackene Aubergine mit Couscous und Tahin (S. 10), Caprese mit Balsamico-Auberginen (S. 12) und Aubergineneintopf mit roten Linsen (S. 15).

Umwelthinweis: Dieses Buch ist auf PEFC-zertifiziertem Papier aus nachhaltiger Waldwirtschaft gedruckt.

1. Auflage 2019

978-3-8338-6978-5

GRÄFE UND UNZER

Ein Unternehmen der
GANSKE VERLAGSGRUPPE

QUALITÄTS G|U GARANTIE

LIEBE LESERINNEN UND LESER,

wir wollen Ihnen mit diesem Buch Informationen und Anregungen geben, um Ihnen das Leben zu erleichtern oder Sie zu inspirieren, Neues auszuprobieren. Wir achten bei der Erstellung unserer Bücher auf Aktualität und stellen höchste Ansprüche an Inhalt und Gestaltung. Alle Anleitungen und Rezepte werden von unseren Autoren, jeweils Experten auf ihren Gebieten, gewissenhaft erstellt und von unseren Redakteuren/innen mit größter Sorgfalt ausgewählt und geprüft.

Haben wir Ihre Erwartungen erfüllt? Sind Sie mit diesem Buch und seinen Inhalten zufrieden? Haben Sie weitere Fragen zu diesem Thema? Wir freuen uns auf Ihre Rückmeldung, auf Lob, Kritik und Anregungen, damit wir für Sie immer besser werden können. Und wir freuen uns, wenn Sie diesen Titel weiterempfehlen, in Ihrem Freundeskreis oder bei Ihrem online-Kauf.

Sollten wir Ihre Erwartungen so gar nicht erfüllt haben, tauschen wir Ihnen Ihr Buch jederzeit gegen ein gleichwertiges zum gleichen oder ähnlichen Thema um.

KONTAKT

GRÄFE UND UNZER VERLAG
Leserservice
Postfach 86 03 13
81630 München
E-Mail: leserservice@graefe-und-unzer.de

Telefon: 00800 / 72 37 33 33*
Telefax: 00800 / 50 12 05 44*
Mo–Do: 9.00–17.00 Uhr
Fr: 9.00–16.00 Uhr
(*gebührenfrei in D,A,CH)

www.facebook.com/gu.verlag